CU00792643

Español - Inglés

EDITORIAL
Polaris

ÍNDICE

UTILIZACIÓN DE ESTA GUÍA

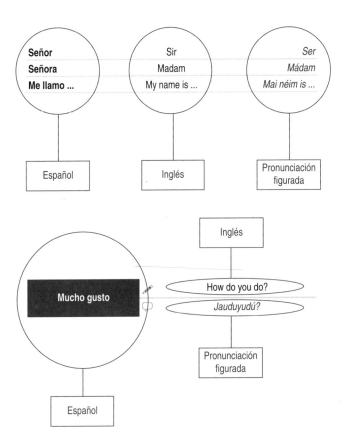

PRONUNCIACIÓN FIGURADA

Uno de los aspectos más difíciles del inglés es su pronunciación, ya que tiene pocas reglas y muchas excepciones. Aunque las letras del alfabeto inglés en su gran mayoría se corresponden con las del español, no siempre se pronuncian igual.

Nos ha parecido aconsejable y de utilidad ofrecer una pronunciación figurada, basada en comparaciones de los sonidos del inglés con los del español. Aun siendo conscientes de la falta de exactitud, hemos optado por prescindir del alfabeto fonético internacional, a fin de conseguir un método sencillo al alcance de todos.

En la pronunciación figurada que aparece en esta guía, algunas letras no se corresponden exactamente con sus equivalentes en español. Por ello, presentamos a continuación una serie de especificaciones:

j	Es una aspiración suave y apenas perceptible. No tan gutural como la *j* española.
ng	Como en "ra*ng*o".
r	Como en "o*r*o", pero mucho más débil y sin vibración. Se pronuncia únicamente delante de vocal; en las demás posiciones, es prácticamente muda.
sh	Sonido inexistente en español. Intermedio entre *s* y *ch*.
t	Como en "lás*t*ima".
v	Como en "*V*alladolid", pronunciada exageradamente.
w	Como la *u* de "h*u*eso".

Se han duplicado las **vocales** con sonido largo.

Aunque las palabras inglesas no llevan acento escrito, se han representado las sílabas tónicas con la tilde del español (´).

BREVES NOCIONES GRAMATICALES

1. ARTÍCULOS

Artículo determinado

the (= el, la, los, las)

the book (el libro)
the books (los libros)

The es invariable en género y número.

Artículo indeterminado

a/an (= un, una)

a book (un libro)
an orange (una naranja)

Se usa **an** delante de palabras que empiezan por vocal o *h* muda.

Para traducir la idea de "unos", "unas" se emplea el adjetivo indefinido *some*:
some books (unos/algunos libros).

2. NOMBRES

Género. Sólo tienen género (masculino y femenino) los nombres de personas y animales. Las cosas son del género neutro.

Muchas palabras sirven indistintamente para ambos géneros: *friend* (amigo/ amiga), *teacher* (profesor/profesora), *cousin* (primo/prima).

El género se distingue de alguna de estas maneras:

    1. Por un cambio de palabra: *father* (padre), *mother* (madre); *man* (hombre), *woman* (mujer); *bull* (toro), *cow* (vaca).

    2. Añadiendo el sufijo *-ess* al masculino: *prince* (príncipe), *princess* (princesa); *actor* (actor), *actress* (actriz).

    3. Por medio de una palabra indicadora del sexo: *schoolmaster* (maestro), *schoolmistress* (maestra).

Número. El plural se forma, por regla general, añadiendo *-s* al singular: *table* (mesa), *tables* (mesas); *dog* (perro), *dogs* (perros).

Son casos especiales:

    1. Los nombres acabados en *-o, -ss, -sh, -ch, -x, -z, -zz* que añaden *-es*: *potatoes* (patatas), *buses* (autobuses), *boxes* (cajas).

    2. Los terminados en *-y* precedida de consonante, que cambian la *y* en *i* y añaden *-es*: *ladies* (señoras), *flies* (moscas).

    3. Los que cambian la *f/fe* final en *-ves*: *knives* (cuchillos).

    4. Los que adoptan formas irregulares: *man/men* (hombre/ hombres).

3. ADJETIVOS CALIFICATIVOS

Preceden al nombre al que califican y son invariables en género y número: a *red* car (un coche rojo), *red* cars (coches rojos), the car is *red* (el coche es rojo).

Comparativos.

De igualdad:	*as ... as* (tan ... como) en frases afirmativas. *not so ... as*, en frases negativas.
De inferioridad:	*less ... than* (menos ... que)
De superioridad:	*more ... than* (más... que) *-er ... than* (*)

(*) Si el adjetivo es monosílabo o bisílabo con sonido corto se le añade *-er*: *long-longer* (largo-más largo), *small-smaller* (pequeño-menor). En los demás casos, se antepone *more* al adjetivo.

Superlativos.

Relativo:	*the most ...* (para los adjetivos que forman el comparativo con *more*): *the most expensive* (el más caro). *the ... -est* (para los que tienen la forma *-er* en el grado comparativo): *the longest* (el más largo).
Absoluto:	*very... : very long, very expensive.*

4. PRONOMBRES

Muchos pronombres tienen la misma forma que sus correspondientes adjetivos, diferenciándose sólo por las diferentes funciones que realizan en la frase.

PRONOMBRES PERSONALES

I (yo)	*me* (me, mí)
you (tú, usted)	*you* (te, ti)
he (él)	*him* (lo, le)
she (ella)	*her* (la, le)
it* (neutro)	*it* (lo)
we (nosotros/as)	*us* (nos)
you (vosotros/as, ustedes)	*you* (os)
they (ellos/ellas)	*them* (les)

(*) *It* se utiliza para referirse a cosas.
En inglés nunca se omiten los pronombres personales.

PRONOMBRES REFLEXIVOS

Singular	Plural
myself (me)	*ourselves* (nos)
yourself (te)	*yourselves* (os)
himself (se)	*themselves* (se)
herself (se)	
itself (se)	

Además del valor propiamente reflexivo, pueden usarse para expresar la idea: "uno mismo", "en persona".

ADJETIVOS Y PRONOMBRES POSESIVOS

my (mi, mis)	*mine* (mío, -a, -os, -as)
your (tu, tus)	*yours* (tuyo, -a, -os, -as)
his (su -de él-)	*his* (suyo, -a, -os, -as)
her (su, -de ella-)	*hers* (suyo, -a, -os, -as)
its (su, -de una cosa-)	*its* (suyo, -a, -os, -as)
our (nuestro, -a, -os, -as)	*ours* (nuestro, -a, -os, -as)
your (vuestro, -a, -os, -as)	*yours* (vuestro, -a, -os, -as)
their (su, sus)	*theirs* (su, sus)

Son invariables en género y número.

Genitivo sajón. Es una forma de expresar la posesión en inglés, especialmente cuando el poseedor es una persona. Se construye añadiendo *'s* al sustantivo sin artículo: *Robert's dog* (el perro de Roberto).

ADJETIVOS Y PRONOMBRES DEMOSTRATIVOS

this (este, esta)
these (estos, estas)
that (ese, esa/aquel, aquella)
those (esos, esas/aquellos, aquellas)

Tienen las mismas formas, tanto en la función de adjetivo como en la de pronombre.

ADJETIVOS Y PRONOMBRES RELATIVOS E INTERROGATIVOS

who (quien, (el/la) que)	*who?* (¿quién?)
whom (a quien, al que)	*whom?* (¿a quién?)
whose (cuyo, -a, -os, -as)	*whose?* (¿de quién?)
which (que, el/la cual)	*which?* (¿cuál?)
what (que, lo que)	*what?* (¿qué?)

that es únicamente pronombre y se traduce por "que".

ADJETIVOS Y PRONOMBRES INDEFINIDOS

each/every (cada)	*everybody* (cada uno)
another (otro, -a)	*other* (otros, -as)
all (todo, -a, -os, -as)	*whole* (todo)
several (varios, -as)	*enough* (bastante)
much (mucho, -a)	*little* (poco, -a)
many (muchos, -as)	*few* (pocos, -as)
nobody (nadie)	*nothing* (nada)
*somebody, anybody (alguien)	**something, anything* (algo)
*some (algún, -a, -os, -as)	**any* (algún, -a)
too much (demasiado, -a)	*no* (ningún, -a)
too many (demasiados, -as)	*both* (ambos, -as)

(*) **Some** y sus compuestos se usan en frases afirmativas y **any** y sus compuestos, en frases interrogativas o negativas.

5. ADVERBIOS

de tiempo

today (hoy)
yesterday (ayer)
the day before yesterday (anteayer)
tomorrow (mañana)
the day after tomorrow (pasado mañana)
before (antes)
after, afterwards (después)
again (otra vez)

already (ya)
still, yet (todavía)
early (temprano)
late (tarde)
now (ahora)
soon (pronto)
later (luego)
then (entonces)

de frecuencia

always (siempre)
never (nunca)
sometimes (a veces)
often (a menudo)
once (una vez)

twice (dos veces)
ever (alguna vez)
usually (normalmente)
many times (muchas veces)

de intensidad

nearly, almost (casi)
very (muy)
quite, early (bastante)

hardly (apenas)
totally (totalmente)

de lugar

here (aquí)
there (ahí)
over there (allí)
near (cerca)
far, away (lejos)
around (alrededor)
everywhere (en todas partes)

in front of (delante)
behind (detrás)
opposite (enfrente)
up, upstairs (arriba)
down, downstairs (abajo)
in, inside (dentro)
out, outside (fuera)

de modo

well (bien)   *slowly* (despacio)

bad (mal)   *quickly* (rápidamente)

Muchos de ellos se forman añadiendo la terminación *-ly* al adjetivo.

de probabilidad

maybe, perhaps (quizá)

possibly (posiblemente)

probably (probablemente, a lo mejor)

de afirmación/negación

yes (sí), *no* (no)   *indeed* (verdaderamente)

not at all (en absoluto)   *of course* (por supuesto)

relativos

when (cuando)

where (donde)

why (por que, por lo que)

interrogativos

when? (¿cuándo?)

where? (¿dónde?)

why? (¿por qué?)

6. PREPOSICIONES

about (sobre)

above (encima de)

after (después, tras)

against (contra)

along (a lo largo de)

among (entre)

around (alrededor)

at (a, en)

before (antes, ante)

below (debajo de, bajo)

beside (junto a)

besides (además)

between (entre)

by (por, durante)

during (durante)

for (para, por)

from (de, desde)

in (en)

of (de)

off (fuera de)

on (en, sobre)

over (sobre)

since (desde)

through (a través de, por)

till (hasta)

to (a, para)

towards (hacia)

under (debajo de)

until (hasta)

up (en lo alto de)

with (con)

without (sin)

7. CONJUNCIONES

and (y)

as, since (como)

or (o)

when (cuando)

nor, neither (ni)

while (mientras)

also, too, as well (también)

because (porque)

if, whether (si)

but (pero)

not even (ni siquiera)

although (aunque)

nevertheless (sin embargo)

so that (para que)

8. VERBOS

En inglés, los verbos no tienen terminaciones especiales para las distintas personas, excepto la tercera persona del singular del presente de indicativo que lleva añadido el sufijo -s. Por esta razón, es absolutamente imprescindible el uso del pronombre sujeto para poder distinguir las personas.

Las terminaciones verbales son mucho menos numerosas que en español, reduciéndose a tres en un verbo regular:

-s (para la 3ª persona del singular del presente de indicativo):
> he gives (él da).

-ed (para el pretérito indefinido y el participio pasivo):
> he closed (él cerró), closed (cerrado).

-ing (para el gerundio):
> working (trabajando).

Algunos tiempos (como el futuro y el condicional) se forman añadiendo verbos auxiliares: he will work (él trabajará).

VERBOS REGULARES

Infinitivo	Participio	Gerundio
to work	worked	working

Presente	I work	He/she works
Pret. indefinido	I worked	He/she worked
Pret. perfecto	I have worked	He/she has worked
Pluscuamperfecto	I had worked	He/she had worked
Futuro	I shall work	He/she will work
Condicional	I should work	He/she would work

Los TIEMPOS COMPUESTOS se forman con el verbo auxiliar *to have* (haber) y el participio pasado.

La FORMA NEGATIVA presenta las estructuras siguientes:

    1. Sujeto + verbo auxiliar **do** + **not** + verbo principal.
                    I do not work (no trabajo)
                    he does not work (él no trabaja)

    2. Sujeto + *verbo "especial" + **not.**
                    I am not (no soy)

(*) Son verbos "especiales": *to be* (ser), *to have* (haber, tener), *can* (poder), *must* (deber), *will* (querer), *may* (poder).

La FORMA INTERROGATIVA presenta asimismo dos estructuras diferentes:
    1. Verbo auxiliar **do** + sujeto + verbo principal.
                    Do you work? (¿Trabajas?)
    2. Verbo "especial" + sujeto.
                    Can you? (¿Puedes?)

VERBOS IRREGULARES

TO BE (ser, estar)
Pres. *I am, you are, he/she/it is, we are, you are, they are*
Pasado. *I was, you were, he... was, we were, you were, they were*

TO HAVE (haber, tener)
Pres. I have, you have, he... has, we have, you have, they have
Pasado. *I had, you had, he... had, we had, you had, they had*

Verbos irregulares más frecuentes:

Infinitivo	Pasado	Participio
to begin	began	begun
to bring	brought	brought
to come	came	come
to do	did	done
to drink	drank	drunk
to eat	ate	eaten
to find	found	found
to get	got	got
to give	gave	given
to go	went	gone
to say	said	said
to see	saw	seen
to speak	spoke	spoken
to take	took	taken
to tell	told	told
to understand	understood	understood
to write	wrote	written

NÚMEROS

1.	One.	*Uán*
2.	Two.	*Túu*
3.	Three.	*Zríi*
4.	Four.	*Fóo*
5.	Five.	*Fáiv*
6.	Six.	*Siks*
7.	Seven.	*Séven*
8.	Eight.	*Éit*
9.	Nine.	*Náin*
10.	Ten.	*Ten*
11.	Eleven.	*Iléven*
12.	Twelve.	*Tuélv*
13.	Thirteen.	*Zertíin*
14.	Fourteen.	*Footíin*
15.	Fifteen.	*Fiftíin*
16.	Sixteen.	*Sikstíin*
17.	Seventeen.	*Seventíin*
18.	Eighteen.	*Eitíin*
19.	Nineteen.	*Naintíin*
20.	Twenty.	*Tuénti*
21.	Twenty-one.	*Tuénti-uán*
22.	Twenty-two.	*Tuénti-túu*
23.	Twenty-three.	*Tuénti-zríi*
24.	Twenty-four.	*Tuénti-fóo*
30.	Thirty.	*Zérti*
40.	Forty.	*Fóorti*
50.	Fifty.	*Fífti*
60.	Sixty.	*Síksti*
70.	Seventy.	*Séventi*
80.	Eighty.	*Éiti*
90.	Ninety.	*Náinti*
100.	A hundred.	*A jándrid*

200.	Two hundred.	*Túu jándrid*
300.	Three hundred.	*Zríi jándrid*
400.	Four hundred.	*Fóo jándrid*
500.	Five hundred.	*Fáiv jándrid*
600.	Six hundred.	*Siks jándrid*
700.	Seven hundred.	*Séven jándrid*
800.	Eight hundred.	*Éit jándrid*
900.	Nine hundred.	*Náin jándrid*
1.000.	A thousand.	*A záusend*
2.000.	Two thousand.	*Túu záusend*
5.000.	Five thousand.	*Fáiv záusend*
10.000.	Ten thousand.	*Ten záusend*
100.000.	A hundred thousand.	*A jándrid záusend*
1.000.000.	A million.	*A mílion*

1°.	First.	*Ferst*
2°.	Second.	*Sécond*
3°.	Third.	*Zerd*
4°.	Fourth.	*Fóoz*
5°.	Fifth.	*Fifz*
6°.	Sixth.	*Sixz*
7°.	Seventh.	*Sévenz*
8°.	Eighth.	*Éiz*
9°.	Ninth.	*Náinz*
10°.	Tenth.	*Tenz*

1/2.	One half.	*Uán jaf*
1/3.	One third.	*Uán zerd*
1/4.	One quarter.	*Uán cuóta*
1/5.	One fifth.	*Uán fifz*
1/10	One tenth.	*Uán tenz*

PESOS Y MEDIDAS

Longitud

1 inch	= 1 pulgada	= 2,54 cm.
1 foot	= 1 pie	= 30,48 cm.
1 yard	= 1 yarda	= 91,44 cm.
1 mile	= 1 milla	= 1,60 km.

Peso

1 ounce	= 1 onza	= 28,35 gr.
1 pound	= 1 libra	= 460 gr.

Capacidad

1 pint	= 1 pinta	= 0,57 l.
1 gallon	= 1 galón	= 4,54 l.
1 quart	= 1 cuarto de galón	= 1,13 l.

Temperatura

32° F = 0° C.

Para convertir grados centígrados en grados Fahrenheit, multiplicar por 9/5 y sumar 32.

VIDA DIARIA

SALUDOS

Buenos días	Good morning	*Gudmóoning*
Buenas tardes	Good afternoon	*Gudáftanuun*
Buenas noches	Good evening	*Gudívning*
Buenas noches	Good night	*Gudnáit*
Hola	Hello	*Jélou*
Adiós	Good bye	*Gud báy*
Hasta luego	See you later	*Síi yu léita*
Hasta mañana	See you tomorrow	*Síi yu tumórou*
Hasta pronto	See you soon	*Síi yu súun*
¿Cómo está Vd.?	How do you do?	*Jauduyudú?*
¿Qué tal?	How are you?	*Jáu ar yu?*
¿Qué hay?	How are you?	*Jáu ar yu?*
¿Cómo estás?	How are you?	*Jáu ar yu?*
¿Cómo le/te va?	How are you getting on?	*Jau ar yu guéting on?*
(Muy) bien	(Very) well	*(Véri) uél*
Muy bien	All right	*Ol-ráit*
Gracias	Thank you	*Zénkiu*

¿Cómo está su/tu familia?	✎ How is your family?
	💬 *Jau is yor fámili?*

Me alegro	✎ I am glad
	💬 *Aim glad*

| Me alegro de volver a verle | Nice to see you again |
| | *Náis tu síi yu eguéin* |

| ¡Cuánto tiempo sin verle! | It has been a long time! |
| | *It jas bíin a long táim!* |

| ¿Cómo se encuentra hoy? | How do you feel today? |
| | *Jau du yu fíil tudéy?* |

| Recuerdos a todos | Give my regards to everybody |
| | *Guiv mai rigáads tu evribóodi* |

| Besos a los niños | Give my love to the children |
| | *Guiv mai lav tu de chíldren* |

PRESENTACIONES

Señor (...)	Mister (...)	*Místa (...)*
Señora (...)	Missis (...)	*Mísis (...)*
Los señores (...)	Mister and missis...	*Místa and mísis (...)*
Señor	Sir	*Ser*
Señora	Madam	*Mádam*
Me llamo ...	My name is ...	*Mai néim is ...*

| Mucho gusto | How do you do? |
| | *Jauduyudú?* |

Spanish	English	Pronunciation
Encantado/a	Pleased to meet you	*Plíist tu míitiu*
¿Cómo te llamas/ se llama Vd.?	What is your name?	*Uóts yor néim?*
Este es el Sr. ...	This is Mr. ...	*Dis is místa ...*
Esta es la Sra. ...	This is Ms. ...	*Dis is mísis ...*
Le presento a ...	Let me introduce you ...	*Létmi introdiús yu ...*
Quiero presentarle a ...	I'd like to introduce you to ...	*Aid láik tu introdiús yu tu ...*
¿Conoce ya al Sr. ...?	Have you already met Mr. ...?	*Jáviu ólredi met místa ...?*
¿Es Vd. el Sr. ... (la Sra. ...)?	Are you Mr. ... (Ms. ...)?	*Ar yu místa ... (mísis ...)?*
Sí, soy yo	Yes, I am he (she)	*Yes, áim ji (shi)*

DATOS PERSONALES

Nombre	Name	*Néim*
Apellido	Surname	*Sérneim*
Edad	Age	*Éich*
Estado civil	Marital status	*Máritel stéitus*
Soltero	Single	*Sínguel*
Casado	Married	*Mérid*
Divorciado	Divorced	*Divorst*
Viudo	Widow	*Uídou*
Profesión	Profession	*Proféshien*
Dirección	Address	*Ádres*
Pasaporte	Passport	*Pásport*
D.N.I.	Identity card number	*Aidéntiti card námba*
Fecha de nacimiento	Date of birth	*Déit ov berz*
Lugar de nacimiento	Place of birth	*Pléis ov berz*

¿Cómo se llama Vd./ cómo te llamas/ cuál es tu (su) nombre?		What is your name?
		Uóts yor néim?

¿Cuál es tu (su) dirección?		What is your address?
		Uóts yor ádres?

¿Dónde vive?		Where do you live?
		Uér du yu liv?

¿Cuál es su número de teléfono?	What is your phone number?	*Uóts yor fóun námba?*

¿De dónde es Vd.? / ¿Cuál es su nacionalidad?	Where are you from? / What is your nationality?	*Uéa ar yu from? / Uóts yor nashionáliti?*

¿Cuántos años tiene(s)?	How old are you?	*Jau ould ar yu?*

Nací en ...	I was born in ...	*Ai uás born in ...*

PREGUNTAS Y RESPUESTAS BREVES

¿Quién es?	Who is it?	*Uu isít?*
¿Qué es eso?	What is that?	*Uóts dat?*
¿Dónde está?	Where is it?	*Uéa isít?*
¿Por qué?	Why?	*Uáy?*
¿Cuánto/-os/-as?	How much/many?	*Jau mach/méni?*
¿Cuál?	Which one?	*Uích uán?*
¿Seguro?	Are you sure?	*Ar yu shúa?*
¿De verdad?	Really?	*Ríili?*

¿Vale?	O.K.?	*Ou-kéy?*
Sí	Yes	*Yes*
De acuerdo (Vale)	All right (O.K.)	*Ol-ráit (Ou-kéy)*
Es verdad	That's right	*Dats ráit*
Por supuesto	Of course	*Ov cors*
Tiene Vd. razón	You are right	*Yu ar ráit*
Ya entiendo	I see	*Ai síi*
No	No	*Nou*
En absoluto	Not at all	*Notatól*
Nunca	Never	*Néva*
Nada	Nothing	*Názing*
No es así	It is wrong	*Its rong*
No creo	I don't think so	*Ai dont zink sou*

FRASES DE CORTESÍA

Muchas gracias	Thank you very much	*Zénkiu véri mach*
De nada	You are welcome (don't mention it)	*Yu ar uélcam (dont ménshien it)*
Por favor	Please	*Plíis*
Haga el favor	Would you please...?	*Wud yu plíis...?*
Con mucho gusto	It is a pleasure	*Its a plésha*
Disculpe	Excuse me	*Exkiús-mi*
Perdón	Pardon	*Párdon*
Perdón (Lo siento)	Sorry	*Sóri*
¡Bienvenido!	Welcome!	*Uélcam!*

¡Salud!	Cheers!	*Chías!*
¡Felicidades!	Congratulations!	*Congratiuléishiens!*
¡Enhorabuena!	Congratulations!	*Congratiuléishiens!*
¡Suerte!	Good luck!	*Gud lak!*

No importa	It does not matter!	*It dásent máta!*
Aquí tiene	Here you are	*Jía yu ar*
¿Puedo ayudarle?	May I help you?	*Mey ai jélpiu?*
Es Vd. muy amable	You are very kind	*Yu ar véri káind*
No se moleste	Don't bother	*Dont bóda*
Siento molestarle	Sorry to trouble you	*Sóri tu trábel yu*
Se lo agradezco mucho	Thank you very much	*Zénkiu véri mach*
¡No se preocupe!	Don't worry!	*Dont uóri!*
¡No hay de qué!	Don't mention it!	*Dont ménshien it!*

| ¿En qué puedo servirle? | What can I do for you? |
| | *Uót cánai du for yu?* |

| ¿Desea tomar algo? | Would you like something to drink? |
| | *Wud yu láik sámzing tu drink?* |

| ¿Quiere un cigarrillo? | Would you like a cigarette? |
| | *Wud yu láik a sígaret?* |

| ¿Desea algo? | Do you want something? |
| | *Du yu uónt sámzing?* |

| Quería (quisiera)... | I would like ... |
| | *Aid láik ...* |

APRENDIENDO LA LENGUA

| ¿Habla Vd. español? | Do you speak Spanish? |
| | *Du yu spíik spánish?* |

| No hablo inglés | I do not speak English |
| | *Ai dont spíik ínglish* |

| Un poco | A little bit |
| | *A lítel bit* |

| Ni una palabra | Not one word |
| | *Not uán uórd* |

| ¿Me comprende? | Do you understand me? |
| | *Du yu anderstánd mi?* |

No comprendo	✏	I do not understand
	💬	*Ai dont anderstánd*

¿Cómo? / ¿Perdón?	✏	Pardon?
	💬	*Párdon?*

Hable Vd. más despacio, por favor	✏	Speak slowly, please
	💬	*Spíik slóuli, plíis*

¿Cómo se escribe?	✏	How do you write it?
	💬	*Jau du yu ráitit?*

Deletréelo, por favor	✏	Can you spell it, please?
	💬	*Can yu spélit, plíis?*

¿Cómo se pronuncia?	✏	How do you pronounce it?
	💬	*Jau du yu pronáunsit?*

¿Qué significa?	✏	What does it mean?
	💬	*Uót dásit míin?*

¿Qué quiere Vd. decir?	✏	What do you mean?
	💬	*Uót du yu míin?*

¿Cómo dice?	✏	What did you say?
	💬	*Uót did yu séy?*

¿Cómo se dice ... en inglés?	✏	How do you say ... in English?
	💬	*Jau du yu séy... in ínglish?*

Repita, por favor	✏	Could you repeat, please?
	💬	*Cud yu ripíit, plíis?*

ÓRDENES

¡Deprisa!	Hurry up!	*Jári ap!*
¡Rápido!	Quickly!	*Cuíkli!*
¡Despacio!	Slowly!	*Slóuli!*
¡Entre!/¡Adelante!	Come in!	*Camín!*
¡Venga!	Come here!	*Cam jía!*
¡Venga!	Come on!	*Camón!*
¡Oiga!	Listen!	*Lísen!*
¡Deme!	Give me!	*Guívmi!*
¡Cuidado!	Be careful!	*Bi kéaful!*
¡Siéntese!	Sit down!	*Sit dáun!*
¡Socorro!	Help!	*Jelp!*
Silencio	Silence	*Sáilens*
¡Vamos!	Let's go!	*Lets góu!*
¡Adelante!	Go ahead!	*Góu ajéed!*
¡Cállese!	Shut up!	*Shátap!*

AVISOS PÚBLICOS

Cuidado	Caution	*Cóshien*
Peligro	Danger	*Déinya*
Atención al...	Beware of...	*Biuéa ov...*
Cerrado	Closed	*Cloust*
Abierto	Open	*Oupen*
Averiado	Out of order	*Aut ov órda*
Entrada	Entrance	*Éntrans*

Salida	Exit	*Éksit*
Ascensor	Lift	*Lift*
Libre	Vacant	*Véikant*
Ocupado	Engaged	*Inguéicht*
Privado	Private	*Práivit*
Tirar	Pull	*Pul*
Empujar	Push	*Push*
Parada	Stop	*Stop*
Servicios	Toilets	*Tóilets*
Señoras	Ladies	*Léidis*
Caballeros	Men	*Men*
Cambio	Exchange	*Ikschéinch*
Se vende	For sale	*For séil*
Se alquila	For rent (hire)	*For rent (jáia)*
Aparcamiento	Parking	*Párking*
Autoservicio	Self-service	*Self-sérvis*
Recepción	Reception	*Resépshien*

Prohibido el paso	Keep out
	Kípaut

Prohibido fumar	No smoking
	Nou smóuking

Se prohíbe la entrada	No admittance
	Nou admítans

Recién pintado	Wet paint
	Uét péint

EL TIEMPO

Tiempo (cronológico)	Time	*Táim*
Tiempo (atmosférico)	Weather	*Uéda*
Reloj	Watch	*Uóch*
Hora	Hour	*Áua*
Minuto	Minute	*Mínit*
Segundo	Second	*Sécond*
Mañana	Morning	*Móoning*
Mediodía	Noon (midday)	*Núun (míd-dey)*
Tarde	Afternoon, evening	*Áftanuun (ívning)*
Noche	Night	*Náit*
Medianoche	Midnight	*Midnáit*
Media hora	Half an hour	*Jáfan áua*

¿Qué hora es?		What time is it?
		Uót táim isít?

Son las siete		It is seven o'clock
		Its séven oclók

Las siete y diez		Ten past seven
		Ten past séven

Las siete y cuarto		A quarter past seven
		A cuóta past séven

| Las siete y media | ✏️ Half past seven |
| | 💬 *Jaf past séven* |

| Las ocho menos cuarto | ✏️ A quarter to eight |
| | 💬 *A cuóta tu éit* |

| ¿Puede decirme la hora, por favor? | ✏️ Can you tell me the time, please? |
| | 💬 *Can yu télmi de táim, plíis?* |

| ¿A qué hora abre el museo? | ✏️ What time does the museum open? |
| | 💬 *Uót táim das de miusíem óupen?* |

| Es demasiado temprano/tarde | ✏️ It is too early/late |
| | 💬 *Its túu éerli/léit* |

Tiempo	Weather	*Uéda*
Temperatura	Temperature	*Témpricha*
Clima	Climate	*Cláimit*

| Hace sol | ✏️ It is sunny |
| | 💬 *Its sáni* |

| Hace frío | ✏️ It is cold |
| | 💬 *Its cóuld* |

| Hace calor | ✏️ It is hot |
| | 💬 *Its jot* |

| Está lloviendo | ✏️ It is raining |
| | 💬 *Its réining* |

| Va a llover | | It is going to rain |
| | | *Its góing tu réin* |

| Sigue lloviendo | | It is still raining |
| | | *Its stíl réining* |

| Ha dejado de llover | | It has stopped raining |
| | | *It jas stopt réining* |

| Está nevando | | It is snowing |
| | | *Its snóuing* |

| Está helando | | It is freezing |
| | | *Its fríising* |

| ¿Qué tiempo hace? | | What is the weather like? |
| | | *Uóts de uéda láik?* |

| Hace mal tiempo | | The weather is bad |
| | | *De uéda is bad* |

| Hace un tiempo magnífico | | It is a fine day |
| | | *Its a fáin déy* |

| Estamos a seis grados bajo cero | | It is minus six (degrees) |
| | | *Its máines six (digríis)* |

Día	Day	*Déy*
Semana	Week	*Uík*
Mes	Month	*Manz*

Quincena	Fortnight	*Fótnait*
Año	Year	*Yía*
Siglo	Century	*Sénchuri*
Hoy	Today	*Tudéy*
Ayer	Yesterday	*Yésterdey*
Mañana	Tomorrow	*Tumórou*
Esta noche	Tonight	*Tunáit*
Día festivo	Bank Holiday	*Bank jólidey*
Fecha	Date	*Déit*

DÍAS DE LA SEMANA

Lunes	Monday	*Mándey*
Martes	Tuesday	*Tiúsdey*
Miércoles	Wednesday	*Uénsdey*
Jueves	Thursday	*Zérsdey*
Viernes	Friday	*Fráidey*
Sábado	Saturday	*Sáterdey*
Domingo	Sunday	*Sándey*

MESES DEL AÑO

Enero	January	*Yánuari*
Febrero	February	*Fébruari*
Marzo	March	*March*
Abril	April	*Éipril*
Mayo	May	*Méy*
Junio	June	*Yun*
Julio	July	*Yuláy*
Agosto	August	*Ógost*

Septiembre	September	*Septémba*
Octubre	October	*Octóba*
Noviembre	November	*Novémba*
Diciembre	December	*Disémba*

ESTACIONES DEL AÑO

Invierno	Winter	*Uínta*
Primavera	Spring	*Spríng*
Verano	Summer	*Sáma*
Otoño	Autumn	*Ótom*

¿Qué día es hoy?	🖉	What is the day today?
	💬	*Uóts de déi tudéy?*

Hoy es uno de abril	🖉	Today is the first of April
	💬	*Tudéy is de ferst ov éipril*

El domingo pasado	🖉	Last Sunday
	💬	*Last sándey*

El lunes próximo	🖉	Next Monday
	💬	*Next mándey*

El 6 de noviembre de 1995	🖉	6th November nineteen ninety-five
	💬	*Sixz novémba naintíin náinti-faiv*

Navidad	Christmas	*Crísmas*
Año Nuevo	New Year's Day	*Niú yías déy*
Semana Santa	Easter (Holy Week)	*íster (jóli uík)*
Primero de Mayo	May Day	*Méy déy*

EN LA CIUDAD

Calle	Street, road	*Stríit, roud*
Avenida	Avenue	*Áviniu*
Paseo	Promenade	*Prominád*
Centro	City centre	*Síti sénta*
Esquina	Street corner	*Stríit córna*
Barrio	Suburb (district)	*Sáberb (dístrikt)*
Afueras	Outskirts	*Autskérts*
Puerto	Port (harbour)	*Port (járbor)*
Fuente	Fountain	*Fáuntin*
Plaza	Square	*Scuéa*
Puente	Bridge	*Brich*
Río	River	*Ríva*
Jardín	Garden	*Gárden*
Parque	Park	*Park*
Paso subterráneo	Subway	*Sab-uéy*
Cruce	Crossroads	*Crósrouds*
Semáforo	Traffic-lights	*Tráfic-láits*
Guardia de tráfico	Traffic policeman	*Tráfic polísman*
Papelera	Litter bin	*Lítabin*
Buzón	Pillar box	*Píla box*
Farola	Street light	*Stríit láit*
Cabina	Telephone box	*Télifoun box*
Acera	Pavement	*Péivment*
Paso de cebra	Zebra crossing	*Zíbra crósing*

Por aquí		This way
		Dis uéy

Por ahí		That way
		Dat uéy

Todo recto		Straight on
		Stréiton

A la izquierda		To the left
		Tu de left

A la derecha		To the right
		Tu de ráit

A ... m. de aquí		... metres from here
		... mítas from jía

Delante de	In front of	*In front ov*
Detrás de	Behind the	*Bijáind de*
Enfrente	Opposite	*Óposit*
Más adelante/atrás	Further on/back	*Fáada on/bak*
Más arriba/abajo	Further up/down	*Fáada ap/dáun*

Perdón, ¿está muy lejos la calle ...?		Excuse me, is ... street far from here?
		Exkiús-mi, is ... stríit far from jía?

Español	English	Pronunciación
¿Puede Vd. decirme dónde está ...?	Can you tell me where ... is?	*Can yu télmi uéa ... is?*
¿Cómo se va a ...?	How do you get to ...?	*Jau du yu guet tu ...?*
¿Está muy lejos?	Is it very far?	*Isít véri far?*
¿A qué distancia está?	How far away is it?	*Jau far euéy isít?*
Siga por esta misma calle	Go straight on along this street	*Góu stréiton alóng dis stríit*
Al otro lado de la calle	On the other side of the road	*On di óda sáid ov de róud*
Está muy lejos, es mejor que tome el autobús	It is a long way, you'd better take the bus	*Its a long uéy, yud béta téik de bas*
Es la paralela a ésta	It is the road parallel to this one	*Its de róud párelel tu dis uán*
Sígame, yo también voy en esa dirección	Follow me, I am going in that direction too	*Fóloumi, aim góing in dat dirécshien túu*
Es muy difícil de explicar	It is very difficult to explain	*Its véri díficult tu ixpléin*
Al doblar la esquina	Round the corner	*Ráund de córna*

EDIFICIOS PÚBLICOS

Ayuntamiento	Town Hall	*Táun-jol*
Juzgado	Court	*Cóort*
Embajada	Embassy	*Émbesi*
Consulado	Consulate	*Cónsulit*
Correos	Post office	*Póust ófis*
Comisaría	Police station	*Polís stéishen*
Hospital	Hospital	*Jóspital*
Oficina de Turismo	Tourist office	*Túrist ófis*
Estación	Station	*Stéishen*
Castillo	Castle	*Cásel*
Palacio	Palace	*Pálas*
Iglesia	Church	*Cherch*
Catedral	Cathedral	*Cazídral*
Museo	Museum	*Miusíem*
Escuela	School	*Scúl*
Instituto	Institute	*Ínstitiut*
Universidad	University	*Iunivérsiti*
Biblioteca pública	Public library	*Páblic láibreri*

DE VIAJE

EN UNA AGENCIA DE VIAJES

| Quiero ir a ... en avión | I want to go to ... by plane |
| | *I uónt tu góu tu ... bay pléin* |

| Me gustaría salir la semana próxima | I'd like to leave next week |
| | *Aid láik tu líiv next uík* |

| Quisiera hacer el viaje en autocar y alojarme en hoteles de dos estrellas | I'd like to make the trip by coach and stay at two stars hotels |
| | *Aid láik tu méik de trip bay cóuch and stéy at tu star joutéls* |

| Desearía visitar la región de ... | I'd like to visit the ... region |
| | *Aid láik tu vísit de ... ríyen* |

| ¿Qué ciudades me aconseja que visite? | What towns do you advise me to visit? |
| | *Uót táuns du yu adváismi tu vísit?* |

| ¿Podría hacerme un itinerario y un presupuesto? | Could you prepare me an itinerary and an estimate? |
| | *Cud yu pripérmi an aitínereri and an éstimeit?* |

| ¿Cuánto cuesta todo eso? | What does that all cost? |
| | *Uót das dat ol cost?* |

Resérveme dos plazas en el autocar del ...	✏ Book me two seats on ...'s coach	
	💬 *Búkmi tu síits on ... 's cóuch*	

De acuerdo. Mañana vendré a recoger mi billete	✏ All right. I'll pick up my ticket tomorrow	
	💬 *Ol-ráit. Ail píkap mai tíket tumórou*	

¿Tiene Vd. folletos turísticos?	✏ Have you got any tourist brochures?	
	💬 *Jáviu got éni túurist bróushas?*	

EN LA ADUANA

Aduana	Customs	*Cástoms*
Documentación	Documentation	*Dokiumentéishen*
Pasaporte	Passport	*Pásport*
Equipaje	Luggage	*Láguich*
Maleta	Suit (suitcase)	*Súut (súutkeis)*
Regalo	Present, gift	*Prísent, guift*
Bolso de mano	Handbag	*Jándbag*
Control de pasaportes	Passport control	*Pásport contróul*
Derechos de aduana	Customs duties	*Cástoms diútis*
Permiso internacional de conducir	International driving licence	*Internéishional dráiving láisens*
Carta verde	Green card	*Gríin card*
Visado de entrada	Entry visa	*Éntri vísa*

Por favor, su pasaporte	✏️	Passport, please
	💬	*Pásport, plíis*
Aquí tiene	✏️	Here you are
	💬	*Jía yu ar*
El objeto de mi viaje es ...	✏️	The purpose of my journey is ...
	💬	*De pérpos ov mai yérni is ...*
Vacaciones, turismo, asuntos familiares, estudios	✏️	Holidays, touring, family affairs, studies
	💬	*Jólideis, túuring, fámili áfers, stádis*
¿Tiene Vd. algo que declarar?	✏️	Have you got anything to declare?
	💬	*Jáviu got énizing tu diclér?*
No tengo nada que declarar	✏️	I haven't got anything to declare
	💬	*Ai jávent got énizing tu diclér*
No, sólo llevo objetos de uso personal	✏️	No, I only have personal effects
	💬	*Nou, ai óunly jav pérsonal ifécts*
Llevo unas botellas de vino y cigarrillos	✏️	I have some bottles of wine and cigarettes
	💬	*Ai jav sam bótels ov uáin and sígarets*
No llevo moneda extranjera	✏️	I haven't got any foreign currency
	💬	*Ai jávent got éni fóren cárensi*

53

Abra sus maletas, por favor	Open your bags, please	
	Oupen yor bags, plíis	

¿Qué lleva Vd. en esos paquetes?	What have you got in these parcels?	
	Uót jáviu got in dis pársels?	

¿Puedo cerrar mis maletas?	May I close my cases?	
	Mei ai clóus mai kéisis?	

¿Cuánto tengo que pagar de derechos?	How much duty have I to pay?	
	Jau mach diúti jávai tu péy?	

¿Está todo en orden?	Is everything O.K.?	
	Is évrizing óu-kéy?	

¿Dónde está la oficina de cambio?	Where is the exchange office?	
	Uéa is di ikschéinch ófis?	

¿Cuál es la cotización de la libra?	What is the rate for the pound?	
	Uót is de réit for de páund?	

¿Puede cambiarme ... en libras?	Can you change me ... into pounds?	
	Can yu chéinch mi ... íntu páunds?	

¿Dónde hay taxis?	Where are the taxis?	
	Uéa ar de téksis?	

EN AVIÓN

Aeropuerto	Airport	*Éerport*
Pasajero	Passenger	*Pásenyer*
Horario	Timetable	*Táim-téibel*
Facturación	Check-in desk	*Chékin desk*
Billete	Ticket	*Tíket*
Líneas aéreas	Airlines	*Eerláins*
Vuelo	Flight	*Fláit*
Llegadas	Arrivals	*Aráivels*
Salidas	Departures	*Dipárchas*
Avión	Plane	*Pléin*
Piloto	Pilot	*Páilot*
Azafata	Stewardess	*Stíuardes*
Asiento	Seat	*Síit*
(No) fumador	(Non) smoker	*(Non) smóuka*
Ventanilla	Window	*Uíndou*
Tripulación	Crew	*Cruu*
Retraso	Delay	*Diléy*
Exceso de equipaje	Excess weight	*Eksés uéi*
Tarjeta de embarque	Boarding pass	*Bórding pas*
Sala de espera	Departures lounge	*Dipárchas láunch*
Puerta de embarque	Gate	*Guéit*
Vuelo suspendido	Flight cancelled	*Fláit cánselt*
Chaleco salvavidas	Life jacket	*Láif yáket*
Objetos perdidos	Lost and found	*Lost and fáund*

El vuelo con destino a ... (procedente de ...)	✎	The flight to ... (from...)
	💬	*De fláit tu ... (from...)*
¿Con qué antelación hay que estar en el aeropuerto?	✎	How soon should we be at the airport before take-off?
	💬	*Jau súun chud uí bi at di éerport bifór téikof?*
¿Cómo puedo ir al aeropuerto?	✎	How can I get to the airport?
	💬	*Jau cánai guet tu di éerport?*
¿Cuánto peso está permitido?	✎	What weight am I allowed?
	💬	*Uót uéi ámai aláud?*
¿A qué hora sale el avión para ...?	✎	What time does the plane to ... leave?
	💬	*Uót táim das de pléin tu ... líiv?*
Se ruega a los pasajeros del vuelo ... embarquen por la puerta ...	✎	Passengers for flight ... go to gate ...
	💬	*Pásenyers for fláit ... góu tu guéit ...*
¡Deprisa! Nos están llamando por los altavoces	✎	Hurry up! We have been called over the loudspeaker
	💬	*Jári ap! Uí jav bíin cold ova de laudspíika*

Por favor, abróchense los cinturones		Fasten your seat belts, please
		Fásen yor síit belts, plíis

Prohibido fumar		No smoking
		Nou smóuking

Tomaremos tierra dentro de diez minutos		We shall land in ten minutes
		Uí shel land in ten mínits

Recojan su equipaje en la terminal		Pick up your luggage at the terminus
		Pícap yor láguich at de términes

Se me ha perdido una maleta		One of my suitcases has been lost
		Uán ov mai suutkéisis jav bíin lost

EN TREN

Tren	Train	*Tréin*
Estación	Station	*Stéishen*
Andén	Platform	*Plátform*
Vía	Track	*Trak*
Vagón	Carriage	*Cárich*
Litera	Sleeper	*Slíipa*
Compartimento	Compartment	*Compártment*
Viajero	Passenger	*Pásenyer*
Revisor	Inspector	*Inspéctor*
Bolsa	Bag	*Bag*
Mochila	Rucksack	*Rúksak*
Maletín	Briefcase	*Bríifkeis*

Billete de ida (de ida y vuelta)	Single (return) ticket	*Sínguel (ritárn) tíket*
Primera, segunda clase	First, second class	*Ferst, sécond clas*
Coche-cama	Sleeping car	*Slíiping car*
Cuadro de horarios	Timetable	*Táim-téibel*
Consigna	Left-luggage office	*Left-láguich ófis*
Despacho de billetes	Ticket office	*Tíket ófis*
Talgo, tren de cercanías, tren directo	Inter City, short distance train, express train	*Inter síti, short dístans tréin, ixprés tréin*

¿Dónde está la estación de trenes?

✎ Where is the railway station?

💬 *Uéa is de réil-uéy stéishen?*

¿Cómo puedo llegar a la estación lo antes posible?

✎ What is the quickest way to get to the station?

💬 *Uóts de cuíkest uéy tu guet tu de stéishen?*

¡Lléveme a la estación. Tengo mucha prisa!

✎ Can you take me to the station? I am in a great hurry!

💬 *Can yu téikmi tu de stéishen? Aim in a gréit jári!*

¿En qué ventanilla despachan los billetes para ...?

✎ At which ticket office do I get a ticket to ...?

💬 *At uích tíket ófis du ai guet a tíket tu ...?*

¿Cúanto cuesta un billete de ida y vuelta a ...?

✎ How much does a return ticket to ... cost?

💬 *Jau mach das a ritárn tíket tu ... cost?*

¿Hay descuentos para estudiantes/niños/pensionistas?	Is there a half price ticket for students/children/pensioners?
	Is déa a jaf práis tíket for stiúdents/children/pénshenas?

Dos billetes para ...	Two tickets to ...
	Túu tíkets tu ...

¿Para qué tren?	By which train?
	Bay uích tréin?

¿Hay un tren para ...?	Is there a train to ...?
	Is déa a tréin tu ...?

¿Es éste el tren para ...?	Is this the train to ...?
	Is dis de tréin tu ...?

¿A qué hora sale el tren para ...?	What time does the train to ... leave?
	Uót táim das de tréin tu ... líiv?

¿De qué andén sale el tren para ...?	Which platform does the train to ... leave from?
	Uích plátform das de tréin tu ... líiv from?

¿Tengo que hacer transbordo? ¿Hay correspondencia con ...?	Do I have to change trains? Is there a connection for ...?
	Du ai jav tu chéinch tréins? Is déa a conécshen for ...?

¿Para este tren en ...?	✎	Does this train stop at ...?
	💬	*Das dis tréin stop at ...?*

¿A qué hora llega a ...?	✎	What time does it arrive at ...?
	💬	*Uót táim dásit aráiv at ...?*

¿Está libre/ocupado este asiento?	✎	Is this seat vacant/ocuppied?
	💬	*Is dis síit véicant/ókiupaid?*

¿Puede cerrar la ventanilla, por favor?	✎	Could you close the window, please?
	💬	*Cud yu clóus de uíndou, plíis?*

¿Cuál es la próxima estación?	✎	Which station is next?
	💬	*Uích stéishen is next?*

Llevamos diez minutos de retraso	✎	We are running ten minutes late
	💬	*Uí ar ráning ten mínits léit*

EN COCHE

Carretera	Road	*Róud*
Autopista	Motorway	*Móutor-uéy*
Autovía	Dual carriage way	*Dúal cárich uéy*
Carretera Nacional	Main road	*Méin róud*
Peaje	Toll	*Tol*
Cruce	Crossroads	*Crósrouds*
Paso a nivel	Level crossing	*Lével crósing*
Curva peligrosa	Dangerous bend	*Déinyerous bend*
Desviación	Diversion	*Dáivershen*
Coche	Car	*Car*
Autocar	Coach	*Cóuch*
Camión	Lorry	*Lóri*
Autobús	Bus	*Bas*
Furgoneta	Van	*Van*
Moto	Motorcycle	*Móutor-sáikel*
Dirección única	One-way street	*Uán-uéy stríit*
Calle sin salida	Dead end	*Déed end*
Paso de peatones	Pedestrian crossing	*Pidéstrian crósing*
Señal de tráfico	Road sign	*Róud sáin*
Ceda el paso	Give way	*Guiv uéy*
Obras	Roadworks	*Róud-uórks*
Límite de velocidad	Speed limit	*Spíid límit*
Permiso de conducir	Driving licence	*Dráiving láisens*

Spanish	English	Pronunciation
Conduzca por la izquierda	Keep left	*Kíip left*
Para ir a ..., por favor	The road to ..., please	*De róud tu ..., plíis*
¿Es ésta la carretera para ...?	Is this the way to ...?	*Is dis de uéy tu ...?*
¿A qué distancia está ...?	How far is ...?	*Jau far is ...?*
No está lejos. Hay unas ... millas	It is not far. There are some ... miles	*Its not far. Déa ar sam ... máils*
¿Es buena la carretera?	Is the road good?	*Is de róud gud?*
Hay muchas curvas	There are many bends	*Déa ar méni bends*
¿Dónde puedo comprar un mapa de carreteras?	Where can I buy a road map?	*Uéa cánai bay a róud map?*
¿Cuál es la mejor carretera para ir a la costa?	Which is the best road to get to the coast?	*Uích is de best róud to guet tu de cóust?*
¿Cuánto tiempo se necesita para ir a ...?	How long does it take to get to ...?	*Jau long dásit téik tu guet tu ...?*

¿Puede indicarme qué dirección debo tomar para salir a la carretera nacional?	✏️	Can you tell me how to get to the main road?
	💬	*Can yu télmi jau tu guet tu de méin róud?*

¿Puedo aparcar aquí?	✏️	Can I park here?
	💬	*Cánai park jía?*

No hay aparcamiento	✏️	There is no parking place
	💬	*Déa is nou párking pléis*

ALQUILER DE AUTOS

Deseo alquilar un coche	✏️	I want to rent a car
	💬	*Ai uónt tu rent a car*

¿Cuál es el precio por km. (por día)?	✏️	What is the cost per mile (per day)? (1 mile = 1,6 km.)
	💬	*Uóts de cost per máil (per déy)?*

¿Cuántos días?	✏️	For how many days?
	💬	*For jau méni déis?*

Seguro incluido	✏️	Insurance included
	💬	*Inshúerens inclúdid*

Son ... libras más I.V.A.	✏️	It is ... pounds plus V.A.T.
	💬	*Its ... páunds plas VAT*

| ¿Tengo que dejar un depósito? 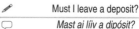 | Must I leave a deposit? |
| | *Mast ai líiv a dipósit?* |

| ¿Puedo pagar con tarjeta? | Can I pay with a credit card? |
| | *Cánai péy uíd a crédit card?* |

EN COCHE (SERVICIOS Y AVERÍAS)

Gasolinera	Filling station	*Fílin-stéishen*
Gasolina	Petrol	*Pétrol*
Aire	Air	*Éer*
Aceite	Oil	*Óil*
Agua	Water	*Uóta*
Depósito	Tank	*Tank*
Taller	Repair shop	*Ripér shop*
Avería	Breakdown	*Bréik-dáun*
Pinchazo	Puncture	*Pánkcha*
Matrícula	Number-plate	*Námba-pléit*
Retrovisor	Wing mirror	*Uíng míror*
Tubo de escape	Exhaust-pipe	*Exóst páip*
Faro	Headlight	*Jéed-láit*
Intermitente	Indicator	*Índikéiter*
Piloto	Rear-light	*Ría-láit*
Capó	Bonnet	*Bónet*
Maletero	Boot	*Búut*
Puerta	Door	*Dóor*

Parabrisas	Windscreen	*Uíndscrin*
Ventanilla	Window	*Uíndou*
Parachoques	Bumper	*Bámpa*
Rueda	Wheel	*Uíl*
Neumático	Tyre	*Táia*
Rueda de repuesto	Spare wheel	*Spéa uíl*
Amortiguador	Shock absorber	*Shok absórba*
Motor	Engine	*Ényin*
Estárter	Starter motor	*Stárta móutor*
Carburador	Carburetor	*Cárbiureter*
Alternador	Alternator	*Alternéiter*
Guardabarros	Mudguard	*Mad-gárd*
Bobina	Coil	*Cóil*
Batería	Battery	*Bátri*
Bujía	Spark plug	*Spark plag*
Fusible	Fuse	*Fiús*
Pistón	Piston	*Píston*
Biela	Connecting rod	*Conécting rod*
Cigüeñal	Crankshaft	*Cránkshaft*
Culata	Cylinder head	*Sílinda jed*
Junta de culata	Cylinder head joint	*Sílinda jed yoint*
Cárter	Crankcase	*Kránk-kéis*
Correa de ventilador	Fan belt	*Fan belt*
Radiador	Radiator	*Réidieiter*
Filtro de aire (aceite)	Air (oil) filter	*Éer (óil) fílta*
Caja de cambio	Gearbox	*Guía-box*
Embrague	Clutch	*Clach*
Volante	Steering-wheel	*Stíiring uíl*

Llave de contacto	Ignition key	*Igníshen kíi*
Palanca de cambio	Gear lever	*Guía léva*
Pedal de freno	Footbrake	*Fúut-bréik*
Freno de mano	Handbrake	*Jánd-bréik*
Acelerador	Accelerator pedal	*Akseléreiter pédel*
Gato	Jack	*Yak*
Herramientas	Set of tools	*Set ov túuls*
Piezas de repuesto	Spare parts	*Spéa parts*
Primera, segunda, tercera (marcha)	First, second, third gear	*Ferst, sécond, zerd guía*
Marcha atrás	Reverse	*Rivérs*

¿Hay una gasolinera cerca de aquí?	✎	Is there a filling station near here?
	💬	*Is déa a fílin-stéishen nía jía?*

Lleno, por favor	✎	Fill her, please
	💬	*Fíl jer, plíis*

Cinco galones de gasolina sin plomo, por favor	✎	Put in five gallons of unleaded petrol, please
	💬	*Put in fáiv gálons ov anlédid pétrol, plíis*

¿Cuánto es?	✎	How much is it?
	💬	*Jau mach isít?*

Son ... libras	✎	It is ... pounds
	💬	*Its ... páunds*

Necesito agua	✏️	I need some water
	💬	*Ai níid sam uóta*

Revise los neumáticos	✏️	Examine the tyres
	💬	*Igsámin de táias*

Deme una lata de aceite, por favor	✏️	Please, give me a can of oil
	💬	*Plíis, guívmi a can ov óil*

¿Cuánto tardarán en lavarlo?	✏️	How long will it take to wash it?
	💬	*Jau long uíl it téik tu uóshit?*

¿Dónde hay un taller?	✏️	Where is a repair shop?
	💬	*Uéa is a ripér shop?*

Mi coche se ha averiado a ... millas de aquí	✏️	My car has broken down ... miles from here
	💬	*Mai car jas bróuken dáun ... máils from jía*

¿Pueden remolcar mi coche?	✏️	Can you tow my car?
	💬	*Can yu tóu mai car?*

¿Qué le pasa	✏️	What is the matter?
	💬	*Uóts de máta?*

La batería está descargada	✏️	The battery is dead
	💬	*De bátri is déed*

El motor no arranca		The engine won't start
		Di ényin uónt start
El radiador pierde		The radiator leaks
		De réidieiter líiks
Revise los frenos		Check the brakes
		Chek de bréiks
No funciona el embrague		The clutch does not work
		De clach dásent uórk
La correa del ventilador está rota		The fan belt is broken
		De fan belt is bróuken
Se han fundido los fusibles		The fuses are burned
		De fiúsis ar bernd
¿Pueden hacer un arreglo provisional?		Can you repair it temporarily?
		Can yu ripér it temperérili?
¿Cuánto tardarán en arreglarlo?		How long will it take to repair it?
		Jau long uílit téik tu ripér it?
Por favor, repárelo lo antes posible		Please, repair it as soon as possible
		Plíis, ripér it as súun as pósibel
Tenemos que pedir repuestos		We have to send for spare parts
		Uí jav tu send for spéa parts

Ya está arreglado	✎	It is already repaired
	💬	*Its ólredi ripérd*
¿Puede Vd. ayudarme?	✎	Can you help me?
	💬	*Can yu jélpmi?*
Ha habido un accidente a ... millas de aquí	✎	There has been an accident ... miles from here
	💬	*Déa jas bíin an áksident... máils from jía*
¿Dónde está el hospital más próximo?	✎	Where is the nearest hospital?
	💬	*Uéa is de níerest jóspital?*
Por favor, llamen a una ambulancia	✎	Please, telephone an ambulance
	💬	*Plíis, télifoun an ámbiulans*
Aquí está mi póliza de seguros (los papeles del coche)	✎	Here is my insurance cover (the car documents)
	💬	*Jía is mai inshúerens cáva (de car dókiuments)*

EN BARCO

Puerto	Port	*Port*
Muelle	Quay (dock)	*Kíi (dok)*
Barco	Ship	*Ship*
Yate	Yacht	*Yot*
Transbordador	Ferry	*Féri*
Transatlántico	Cruise ship	*Crúus ship*
Cubierta	Deck	*Dek*
Hamaca	Deck-chair	*Dek-chéa*
Camarote	Cabin	*Cábin*
Bodega	Hold	*Jóuld*
Proa	Bow	*Bóu*
Popa	Stern	*Stern*
Babor	Port side	*Port sáid*
Estribor	Starboard	*Stárbord*
Timón	Rudder	*Ráda*
Capitán	Captain	*Cápten*
Camarero	Steward	*Stíuard*
Marinero	Sailor	*Séilor*
Levar anclas	To heave up anchor	*Tu jiv ap ánkor*
Atracar	To come alongside	*Tu cam elongsáid*
Hacer escala	To call (at a port)	*Tu col (at a port)*

¿Por dónde se va al puerto?	✎	Which way is it to the port?
	💬	*Uích uéy isít tu de port?*

¿Qué día (a qué hora) sale el barco?	🖉	On what day (at what time) does the ship sail?
	💬	*On uót déy (at uót táim) das de ship séil?*
Quiero un pasaje para ...	🖉	I want a ticket for ...
	💬	*Ai uónt a tíket for ...*
Quisiera reservar una litera/un camarote/ un pasaje de cubierta	🖉	I'd like to book a sleeper/a cabin/ a deck passenger ticket
	💬	*Aid láik tu buk a slíipa/a cábin/ a dek pásenyer tíket*
Deme un camarote de primera clase	🖉	Give me a first class cabin
	💬	*Guívmi a ferst clas cábin*
Debe estar en el puerto dos horas antes de la salida	🖉	You must be at the port two hours before sailing
	💬	*Yu mast bi at de port túu áuas bifór séiling*
¿Puede decirme el nombre del barco?	🖉	Can you tell me the name of the ship?
	💬	*Can yu télmi de néim ov de ship?*
¿Cuánto dura la travesía?	🖉	How long is the crossing?
	💬	*How long is the crossing?*

¿Puede darme algunas etiquetas para el equipaje?	✏️	Can you give me a few labels for my luggage?
	💬	*Can yu guívmi a fiú léibels for mai láguich?*
¿De qué muelle sale el barco?	✏️	Which quay does the ship sail?
	💬	*Uích kíi das de ship séil?*
¿En qué lado está mi camarote?	✏️	Which side is my cabin on?
	💬	*Uích sáid is mai cábin on?*
Por aquí, ¡cuidado con la cabeza!	✏️	This way, mind your head!
	💬	*Dis uéy, máind yor jed!*
Estos bultos tienen que ir en la bodega	✏️	These parcels must travel in the baggage hold
	💬	*Dis pársels mast trável in de báguich jóuld*
¿Cuántas escalas haremos antes de llegar a ...?	✏️	How many ports do we call at before arriving at ...?
	💬	*Jau méni ports du uí col at bifór aráiving at ...?*
¿Hay tiempo para desembarcar?	✏️	Is there time to go ashore?
	💬	*Is déa táim tu góu ashóo?*

Estoy mareado. **¿Tiene Vd. algo contra** **el mareo?**	✏	I am seasick. Have you got anything for seasickness?
	💬	*Aim sísik.* *Jáviu got énizing for sísiknes?*

Ya estamos entrando **en el puerto**	✏	We are coming into the harbour
	💬	*Uí ar cáming íntu de járbor*

MEDIOS DE TRANSPORTE URBANO

Autobús	Bus	*Bas*
Metro	Underground	*Ándergraund*
Taxi	Taxi	*Téksi*
Tranvía	Tram	*Tram*
Billete	Ticket	*Tíket*
Parada de autobús	Bus stop	*Bástop*
Parada solicitada	Request stop	*Ricuést stop*
Entrada	Way in/Entrance	*Uéy in/Éntrans*
Salida	Way out/Exit	*Uéy áut/Éksit*

Quiero ir a ...	✏	I want to go to ...
	💬	*Ai uónt tu góu tu ...*

¿Qué autobús (tranvía) tengo que tomar?	✎ Which bus (tram) must I take for ...?
	💬 *Uích bas (tram) mast ai téik for ...?*

¿Dónde para el autobús n° ...?	✎ Where does the number ... bus stop?
	💬 *Uéa das de námba ... bas stop?*

¿Pasa este autobús por ...?	✎ Does this bus go to ...?
	💬 *Das dis bas góu tu ...?*

¿Con qué frecuencia pasa el autobús?	✎ How often is the bus?
	💬 *Jau ófen is de bas?*

¿Qué autobús (metro) tengo que coger para ir a la estación de trenes?	✎ Which bus (underground) can I take to get to the railway station?
	💬 *Uích bas (ándergraund) cánai téik tu guet tu de réil-uéy stéishen?*

¿Cuánto cuesta un billete de ida?	✎ How much does it a single ticket cost?
	💬 *Jau mach dásit a sínguel tíket cost?*

Dos billetes, por favor	✎ Two tickets, please
	💬 *Túu tíkets, plíis*

¿Dónde tengo que bajarme para ir a ...?	✎ Where must I get off for ...?
	💬 *Uéa mast ai guetóf for ...?*

¿Está ocupado/libre este asiento?	✏️	Is this seat occupied/vacant?
	💬	*Is dis síit ókiupaid/véicant?*
¿Dónde puedo encontrar un taxi?	✏️	Where can I get a taxi?
	💬	*Uéa cánai guet a téksi?*
¿Cuánto cuesta un taxi hasta el aeropuerto?	✏️	How much does a taxi to the airport cost?
	💬	*Jau mach dás a téksi tu di éerport cost?*
¿Cuál es la tarifa para ...?	✏️	How much is the fare for ...?
	💬	*Jau mach is de fée for ...?*
Libre (en los taxis)	✏️	For hire
	💬	*For jáia*
Lléveme a la calle ...	✏️	Take me to ... street
	💬	*Téikmi tu ... stríit*
¿Sabe Vd. dónde está ...?	✏️	Do you know where ... is?
	💬	*Du yu nóu uéa ... is?*
Pare aquí, por favor	✏️	Stop here, please
	💬	*Stop jía, plíis*
¿Puede esperar un momento?	✏️	Can you wait a minute?
	💬	*Can yu uéit a mínit?*

Ya hemos llegado	🖉	Here you are
	💬	*Jía yu ar*

¿Cuánto es? / ¿Qué le debo?	🖉	How much is it?/How much do I owe you?
	💬	*Jau mach isít?/Jau mach duái óu yu?*

Quédese con la vuelta	🖉	Keep the change
	💬	*Kíip de chéinch*

HOTELES

LA LLEGADA

Hotel	Hotel	*Joutél*
Pensión	Guest-house	*Guest-jáus*
Pensión	Boarding house	*Bórding-jáus*
Albergue	Youth hostel	*Yúuz jóstel*
Recepción	Reception	*Risépshen*
Recepcionista	Recepcionista	*Risépshenist*
Gerente	Manager	*Mánaya*
Portero	Doorman	*Dóorman*
Botones	Valet	*Válet*
Camarera	Chambermaid	*Chéimba-meid*
Huésped	Guest	*Guest*
Llave	Key	*Kíi*
Propina	Tip	*Tip*
Ascensor	Lift	*Lift*
Planta	Floor	*Flóor*
Comedor	Dining room	*Dáining-rum*
Cuarto de baño	Bathroom	*Bázrum*
Estancia	Stay	*Stéy*
Temporada baja (alta)	Low (high) season	*Lóu (jái) síisen*
Alojamiento	Accommodation	*Acomodéishen*
Aire acondicionado	Air conditioning	*Éer condíshening*
Calefacción	Heating	*Jíiting*

Nota: Motel (*moutél*): Hotel de carretera
Bed & breakfast: Alojamientos en casas privadas

Habitación individual/doble/con dos camas	✎	Single/double/twin room
	💬	*Sínguel/dábel/tuín rum*
Desayuno/media pensión/pensión completa	✎	Breakfast/half board/full board
	💬	*Brékfast/jaf bord/ful bord*
¿Tienen habitaciones libres?	✎	Have you got any rooms?
	💬	*Jáviu got éni rums?*
Tengo reservada una habitación a nombre de ...	✎	I have booked a room for ...
	💬	*Ai jav búukt a rum for ...*
Desearía una habitación exterior (interior)	✎	I want an outside (inside) room
	💬	*Ai uónt an áutsaid (ínsaid) rum*
Quisiera una habitación con vistas al lago	✎	I would like a room facing the lake
	💬	*Aid láik a rum féising de léik*
Quiero una habitación con baño y teléfono	✎	I want a room with a bath and telephone
	💬	*Ai uónt a rum uíd a baz and télifoun*
¿Incluido el desayuno?	✎	Breakfast included?
	💬	*Brékfast inclúdid?*
¿Cuál es el precio?	✎	How much is it?
	💬	*Jau mach isít?*
Son ... libras, V.A.T. (=I.V.A) incluido	✎	It is ... pounds, including V.A.T.
	💬	*Its ... páunds, inclúding VAT*

80

Su habitación es la número ... en la tercera planta, al fondo del pasillo	✏️	Your room is number ... on the third floor, at the end of the corridor
	💬	*Yor rum is námba ... on de zerd flóor, at di end ov de córidor*
¿Puedo ver la habitación?	✏️	May I see the room?
	💬	*Mei ai síi de rum?*
Está bien. Me quedo con ella	✏️	It is all right. I'll take it
	💬	*Its ol-ráit. Ail téikit*
Es demasiado pequeña. ¿No tienen otra más amplia?	✏️	It is too small. Have you got another room bigger?
	💬	*Its túu smol. Jáviu got anóda rum bíga?*
Tiene Vd. que rellenar la hoja de registro	✏️	You have to fill in the hotel registration form
	💬	*Yu jav tu fil in de joutél reyistréishen form*
¿Cuánto tiempo piensa quedarse?	✏️	How long will you be staying?
	💬	*Jau long uíl yu bi stéiing?*
Unos cinco días	✏️	About five days
	💬	*Abáut fáiv déis*

Súbanme el equipaje, por favor	Send up my luggage, please
	Send ap mai láguich, plíis

¿A qué hora se sirve el desayuno?	At what time is breakfast served?
	At uót táim is brékfast servd?

Haga el favor de despertarme a las siete	Please wake me at seven
	Plíis uéikmi at séven

LA ESTANCIA

Cama	Bed	*Bed*
Colchón	Mattress	*Mátres*
Almohada	Pillow	*Pílou*
Manta	Blanket	*Blánket*
Sábanas	Sheets	*Shíits*
Grifo	Tap	*Tap*
Interruptor	Switch	*Suích*
Toalla	Towel	*Táuel*
Jabón	Soap	*Sóup*
Vaso	Glass	*Glas*
Cenicero	Ashtray	*Áshtrey*
Queja	Claim	*Cléim*
No molestar	Do not disturb	*Du not distérb*
Para lavar	For the laundry	*For de lóondri*

Mi llave, por favor, número ...	My key, please, number ...	
	Mai kíi, plíis, námba ...	

Súbanme el desayuno a la habitación	Serve my breakfast in my room	
	Serv mai bréfkast in mai rum	

EL DESAYUNO

Café	Coffee	*Cófi*
Té	Tea	*Tíi*
Leche	Milk	*Milk*
Chocolate	Chocolate	*Chóclit*
Pan	Bread	*Bred*
Mantequilla	Butter	*Báta*
Yogur	Yoghurt	*Yóugut*
Huevo	Egg	*Eg*
Tostada	Toast	*Tóust*
Mermelada	Jam	*Yam*
Mermelada de naranja	Marmalade	*Mármeleid*
Miel	Honey	*Jáni*
Cereales	Corn flakes	*Corn fléiks*
Zumo de naranja	Orange juice	*Órinch yúus*
Salchicha	Sausage	*Sósich*
Huevos fritos con bacon	Bacon and eggs	*Béikon and egs*
Arenque ahumado	Kipper	*Kípa*
Papilla de avena	Porridge	*Pórich*

¿Podría tomar algo a esta hora?	🖊	May I have something to eat now?
	💬	*Mei ai jav sámzing tu íit náu?*
El comedor está cerrado	🖊	The dining room is closed
	💬	*De dáing-rum is clóust*
Cárguelo en mi cuenta. Habitación n° ...	🖊	Put it on my bill. Room number ...
	💬	*Pútit on mai bil. Rum námba ...*
Por favor, pláncheme estos pantalones	🖊	Please, iron these trousers
	💬	*Plíis, áiron díis tráusas*
¿Hay cartas para mí?	🖊	Is there any letters for me?
	💬	*Is déa éni létas for mi?*
¿Tienen un plano de la ciudad?	🖊	Have you got a street plan?
	💬	*Jáviu got a stríit plan?*
¿Dónde está la guía telefónica?	🖊	Where is the telephone directory?
	💬	*Uéa is de télifoun diréctori?*
Deseo hacer una llamada	🖊	I want to make a telephone call
	💬	*Ai uónt tu méik a télifoun col*
El interruptor del cuarto de baño no funciona bien	🖊	The switch in the bathroom does not work properly
	💬	*De suítch in de bázrum dásent uórk própali*

Spanish	English	Pronunciation
El agua está fría	The water is cold	De uóta is cóuld
¿Donde puedo echar esta cartas?	Where can I post these letters?	Uéa cánai póust díis létas?
Mándeme un taxi, por favor	Please, send for a taxi	Plíis, send for a téksi
Quiero un guía que hable español	I want a guide who speaks Spanish	Ai uónt a gáid ju spíiks Spánish
Quiero alquilar un coche	I want to rent a car	Ai uónt tu rent a car
¿Hay garaje en el hotel?	Is there a garage in the hotel?	Is déa a gárich in de joutél?

LA SALIDA

Español	English	Pronunciación
Nos vamos el ...	We are leaving on ...	*Uí ar líiving on ...*
¿Quiere prepararme la cuenta?	Could you make out my bill?	*Cud yu méikaut mai bil?*
Creo que se han equivocado. Repásela, por favor	I think there is a mistake. Please check it	*Ai zink déa is a mistéik. Plíis chékit*
¿Está todo incluido?	Is everything included?	*Is évrizing inclúdid?*
¿Puedo dejar estas cosas aquí hasta mediodía?	Could I leave these things here until midday?	*Cud ai líiv díis zings jía ontíl míd-dey?*
Bájenme las maletas, por favor	Send down my luggage, please	*Send dáun mai láguich, plíis*
¡Buen viaje!	Have a good journey!	*Jav a gud yérni!*
¡Muchas gracias por todo!	Thank you for everything	*Zénkiu for évrizing*

BARES Y RESTAURANTES

BARES Y RESTAURANTES

¿Hay un bar cerca de aquí?	✏	Is there a bar near here?
	💬	*Is déa a bar nía jía?*
¿Puede indicarme un bar donde se pueda comer algo?	✏	Can you suggest a bar where you can get something to eat?
	💬	*Can yu seyést a bar uéa yu can guet sámzing tu íit?*
Quiero un/una ...	✏	I would like a/an ...
	💬	*Aid láik a/an ...*
¿Puede hacerme un bocadillo?	✏	Can you make me a sandwich?
	💬	*Can yu méikmi a sánd-uich?*
¿Tienen platos calientes?	✏	Have you got any hot dishes?
	💬	*Jáviu got éni jot díshis?*
¿Qué tipo de ... tienen?	✏	What kind of ... have you got?
	💬	*Uót káind ov ... jáviu got?*
¿Podemos sentarnos en esta mesa?	✏	Can we sit at this table?
	💬	*Can uí sit at dis téibel?*
¿Puede traernos otro/a ...?	✏	Could you bring us another ...?
	💬	*Cud yu bring as anóda ...?*
¿Tienen teléfono?	✏	Have you got a telephone?
	💬	*Jáviu got a télifoun?*

¿Dónde están los servicios?	✏️	Where is the toilet?
	💬	*Uéa is de tóilet?*

La cuenta, por favor	✏️	The bill, please
	💬	*De bil, plíis*

¿Cuánto es?	✏️	How much is it?
	💬	*Jau mach isít?*

COMIDAS RÁPIDAS

Pescado y patatas fritas	Fish and chips	*Fish and chips*
Pastel de carne picada	Shepherd's pie	*Shéferds pái*
Pastel de carne y riñones	Steak and kidney pie	*Stéik and kídni pái*
Arenques en escabeche	Pickled herrings	*Píkeld jérings*
Tostadas de sardinas/anchoas	Devils on horseback	*Dévils on jórsbak*
Jamón ahumado y bacon	Gammon	*Gámon*

BEBIDAS

Café con leche	White coffee	*Uáit cófi*
Café solo	Black coffee	*Blak cófi*
Zumo de naranja	Orange juice	*Órinch yúus*
Leche fría/caliente	Cold/hot milk	*Cóuld/jot milk*
Té con limón (leche)	Tea with lemon (milk)	*Tíi uíd lémon (milk)*
Chocolate caliente	Hot chocolate	*Jot chóclit*
Agua mineral (con/sin gas)	Mineral water (sparkling/still)	*Míneral uóta (spárkling/stíl)*
Cerveza	Beer	*Bía*
Caña	Draft beer	*Draft bía*
Jarra	Pint	*Pint*

Un vaso de ...	A glass of ...	
	A glas ov ...	

Una taza de ...	A cup of ...	
	A cap ov ...	

LA MESA

Mesa	Table	*Téibel*
Silla	Chair	*Chéa*
Mantel	Tablecloth	*Téibel-cloz*
Servilleta	Serviette	*Serviét*
Plato	Dish	*Dish*
Cuchara	Spoon	*Spúun*
Tenedor	Fork	*Fóok*
Cuchillo	Knife	*Náif*
Cucharilla	Dessert spoon	*Désert spúun*
Vaso	Glass	*Glas*
Copa	(Wine) glass	*(Uáin) glas*
Taza	Cup	*Cap*
Camarero	Waiter	*Uéita*
Maitre	Head waiter	*Jed uéita*
Propina	Tip	*Tip*

¿Puede recomendarme un restaurante típico?	✏️	Can you suggest a restaurant for local cuisine?
	💬	*Can yu seyést a réstorant for lóucal cuisíin?*

Una mesa para dos, por favor	✏️	A table for two, please
	💬	*A téibel for túu, plíis*

Quisiera reservar una mesa para ... personas para las ...	✏️	I would like to book a table for ... people for ...
	💬	*Aid láik tu búuk a téibel for ... pípel for ...*

¿Podemos tener ...	✏️	Can we have ...
	💬	*Can uí jav ...*

una mesa cerca de la ventana?	✏️	a table near the window?
	💬	*a téibel nía de uíndou?*

una mesa tranquila?	✏️	a quiet table?
	💬	*a cuáiet téibel?*

una mesa lejos de la puerta?	✏️	a table away from the door?
	💬	*a téibel euéy from de dóor?*

¿Está reservada esta mesa?	✏️	Is this table reserved?
	💬	*Is dis téibel risérvd?*

Spanish	English	Pronunciation
¿Dónde podemos sentarnos?	Where can we sit?	*Uéa can uí sit?*
Estoy esperando a unos amigos	I am waiting for some friends	*Aim uéiting for sam frends*
¿Puede traerme un aperitivo?	Can you bring me an aperitif?	*Can yu bríngmi an apéritif?*
¿Puede traerme la carta?	Can you bring me the menu?	*Can yu bríngmi de méniu?*
¿Tiene una carta de vinos?	Have you got a wine list?	*Jáviu got a uáin list?*
¿Puede recomendarme algo especial?	Could you suggest something special?	*Cud yu seyést sámzing spéshal?*
¿Cuál es la especialidad de la casa?	What is the local speciality?	*Uóts de lóucal speshiáliti?*
¿Qué vino me recomienda?	Which wine do you recommend?	*Uích uáin du yu recoménd?*
¿Cuáles son los ingredientes de este plato?	What are the ingredients of this dish?	*Uót ar di ingríidients ov dis dish?*
¿Qué les sirvo?	What would you like?	*Uót wud yu láik?*

Spanish	English	Pronunciation
Tráigame (tráiganos) ...	Bring me (us) ...	*Bring mi (as) ...*
De primero, ...	First of all, ...	*Ferst ovól, ...*
De segundo, ...	Afterwards, ...	*Áfta-uárds, ...*
Lo mismo para mí	The same for me	*De séim for mi*
Está bien, gracias	Enough, thanks	*Enáf, zanks*
Más, por favor	More, please	*Móor, plíis*
¿Puede traerme ...	Can I have ...	*Cánai jav ...*
otro vaso	another glass	*anóda glas*
más pan	some more bread	*sam móor bred*
sal y pimienta	salt and pepper	*solt and pépa*

| Esta comida está fría. ¿Puede calentármela? | This dish is cold. Could you heat it for me? |
| | *Dis dish is cóuld. Cud yu jíitit for mi?* |

| Esta comida está poco hecha. ¿Pueden pasarla un poco más? | This dish is underdone. Could you cook it a little more? |
| | *Dis dish is ánder-dan. Cud yu cúkit a lítel móor?* |

| ¿Qué tienen de postre? | What is there for dessert? |
| | *Uót is déa for désert?* |

| ¿Tomarán café? | Will you have a coffee? |
| | *Uíl yu jav a cófi?* |

| La cuenta, por favor | The bill, please |
| | *De bil, plíis* |

| ¿Puedo pagar con tarjeta? | Do you accept credit cards? |
| | *Du yu aksépt crédit cards?* |

| Necesito la factura | I need the receipt |
| | *Ai níid de risíit* |

| Quédese con la vuelta | Keep the change |
| | *Kíip de chéinch* |

| Por favor, ¿me da fuego? | Have you got a lighter/light, please? |
| | *Jáviu got a láita/láit, plíis?* |

TÉRMINOS CULINARIOS

Frito	Fried	*Fráid*
Hervido	Boiled	*Bóild*
Asado	Roast(ed)	*Róust(id)*
A la plancha	Grilled	*Grild*
Tostado	Toasted	*Tóustid*
Al horno	Baked	*Béikt*
Picante	Hot	*Jot*
Crudo	Raw	*Róo*
Agrio	Sour	*Sáua*
Ahumado	Smoked	*Smóukt*
Salado	Salty	*Sólti*
Soso	Unsalted	*Onsoltid*
Poco hecho	Rare (underdone)	*Réa (ánder-dan)*
Medio	Medium	*Mídiem*
Muy hecho	Well done	*Uél dan*

CONDIMENTOS

Sal	Salt	*Solt*
Pimienta	Pepper	*Pépa*
Especia	Spice	*Spáis*
Aceite	Oil	*Óil*
Vinagre	Vinegar	*Vínegar*
Salsa	Sauce	*Sóos*
Mostaza	Mustard	*Mástard*
Mayonesa	Mayonnaise	*Meionéis*
Pimentón	Paprika	*Páprika*

ENTREMESES

Mantequilla	Butter	*Báta*
Pan	Bread	*Bred*
Aceitunas	Olives	*Ólivs*
Queso	Cheese	*Chíis*
Jamón	Ham	*Jam*
Embutidos	Cooked meats	*Cukt míits*

HUEVOS

Frito	Fried	*Fráid*
Pasado por agua	Soft-boiled	*Soft-bóild*
Duro	Hard-boiled	*Jard-bóild*
Revuelto	Scrambled	*Scrámbeld*
Tortilla	Omelet	*Om'let*

CARNE

Ternera	Veal	*Víil*
Cerdo	Pork	*Pork*
Cordero	Lamb	*Lamb*
Buey	Beef	*Bíif*
Pollo	Chicken	*Chíken*
Pato	Duck	*Dak*
Hígado	Liver	*Líva*
Riñones	Kidneys	*Kídnis*
Lomo	Loin	*Lóin*
Carne picada	Mince	*Mins*
Chuleta	Chop	*Chop*
Costilla	Rib	*Rib*
Filete	Steak	*Stéik*
Solomillo	Sirloin	*Sérloin*
Asado de vaca	Roast beef	*Róust bíif*

TIENDAS

Carnicería	Butcher's	*Búchas*
Charcutería	Delicatessen	*Delicatésn*
Estanco	Tobacconist's	*Tobáconists*
Farmacia	Chemist's	*Kémists*
Ferretería	Ironmonger's	*Áien-mángas*
Floristería	Florist's	*Flórists*
Frutería	Greengrocer's	*Gríin-gróusas*
Grandes almacenes	Department store	*Depártment stóo*
Herboristería	Herbalist shop	*Jérbalist shop*
Joyería	Jeweller's	*Yúuelas*
Lavandería	Laundry	*Lóondri*
Librería	Bookshop	*Búkshop*
Mercado	Market	*Márket*
Panadería	Baker's	*Béikas*
Pastelería	Cakeshop	*Kéikshop*
Peluquería	Hairdresser's	*Jéa-drésas*
Perfumería	Perfumery	*Pefiúumeri*
Pescadería	Fishshop	*Físhshop*
Óptica	Optician's	*Optíshens*
Quiosco	Newsagent's	*Niúus-éiyents*
Supermercado	Supermarket	*Súupa-márket*
Tienda de fotos	Photographic shop	*Fotográfic shop*
Tintorería	Dry cleaning	*Drái clíining*
Zapatería	Shoeshop	*Shúushop*
Antigüedades	Antique shop	*Antíc shop*
Artesanía	Handicraft	*Jándicraft*
Recuerdo	Souvenir	*Suuvenía*

Abierto	Open	*Óupen*
Cerrado	Closed	*Clóust*
Caja	Cashdesk	*Cash-desk*
Entrada	Entrance	*Éntrans*
Salida	Exit	*Éksit*
Tirar	Pull	*Pul*
Empujar	Push	*Push*
Escaparate	Shop window	*Shop uíndou*
Mostrador	Counter	*Cáunta*
Dependiente/a	Shop assistant	*Shop asístant*
Salida de emergencia	Fire exit	*Fáia éksit*
No se admiten cheques	Cheques not accepted	*Cheks not akséptid*
Libro de reclamaciones	Complaint book	*Compléint buk*

EN UNA LIBRERÍA / QUIOSCO

Libro	Book	*Buk*
Diccionario	Dictionary	*Díkshenri*
Novela	Novel	*Nóvel*
Postal	Postcard	*Póustcard*
Periódico	Newspaper	*Niúus-péipa*
Revista	Magazine	*Magasíin*
Bolígrafo	Ball point pen	*Bol póint pen*
Pluma	Pen	*Pen*
Lápiz	Pencil	*Pénsil*

Rotulador	Marker pen	*Márka pen*
Sobre	Envelope	*Énveloup*
Papel de carta	Writing paper	*Ráiting péipa*
Guía	Guide	*Gáid*
Mapa	Map	*Map*
Plano	Plan	*Plan*

Deme ...	Give me ...	*Guívmi ...*

Quería/quisiera ...	I would like ...	*Aid láik ...*

Estoy buscando un libro de .../sobre ... ¿Puede ayudarme?	I am looking for a book by .../on ... Can you help me?	*Aim lúking for a buk báy .../on ... Can yu jélpmi?*

Quisiera un libro sobre la historia y el arte de esta ciudad	I would like a book concerning the history and art of this city	*Aid láik a buk consérning de jístori and art ov dis síti*

¿Está traducido al español?	Is it translated into Spanish?	*Isít transléitid íntu spánish?*

¿Dónde puedo comprar un mapa de carreteras?	Where can I buy a road map?	*Uéa cánai báy a róud map?*

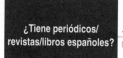

¿Tiene periódicos/revistas/libros españoles?

Have you got Spanish newspapers/magazines/books?

Jáviu got spánish niúus-péipas/magasíins/buks?

EN UNA FARMACIA

Receta	Prescription	*Priscrípshen*
Pastilla	Tablet	*Táblet*
Píldora	Pill	*Pil*
Jarabe	Cough mixture	*Cof míxcha*
Pomada	Cream	*Críim*
Supositorio	Suppository	*Sopósiteri*
Laxante	Laxative	*Láxatif*
Calmante	Sedative	*Sédatif*
Inyección	Injection	*Inyékshen*
Venda	Bandage	*Béndich*
Tiritas	Sticking plasters	*Stíking plástas*
Algodón	Cotton wool	*Cóton úul*
Gasa	Gauze	*Góos*
Alcohol	Alcohol	*Álcojol*
Termómetro	Thermometer	*Zemómita*

Compresas	Sanitary towels	*Sánitari táuels*
Pañales	Napkins	*Népkins*
Pasta de dientes	Toothpaste	*Túuz-peist*
Cepillo de dientes	Toothbrush	*Túuz-brash*
Pañuelos de papel	Paper tissues	*Péipa tíshuus*
Farmacia de guardia	Duty chemist	*Diúti kémist*

¿Puede darme algo contra ...?	✏ Could you give me something for ...?
	💬 *Cud yu guívmi sámzing for ...?*

Fiebre	Fever	*Fíva*
Resfriado	Cold	*Cóuld*
Tos	Cough	*Cof*
Dolor de cabeza	Headache	*Jedéik*
Dolor de muelas	Toothache	*Túuz-éik*
Diarrea	Diarrhoea	*Daiería*
Estreñimiento	Constipation	*Constipéishen*
Mareo	Sickness	*Síknes*
Insomnio	Insomnia	*Insómnia*
Quemadura del sol	Sunburn	*Sánbern*
Picadura de insecto	Insect bite	*Ínsect báit*

EN UNOS GRANDES ALMACENES

Escaleras	Stairs	*Stéas*
Escaleras mecánicas	Escalator	*Éscaleiter*
Ascensor	Lift	*Lift*
Estantería	Shelf	*Shelf*
Probador	Fitting room	*Fíting rum*
Rebajas	Sales	*Séils*
Planta baja	Ground floor	*Gráund flóor*
Primera, segunda, ... planta	First, second, ... floor	*Ferst, sécond, ... flóor*
Sección de discos/ regalos/lencería/ juguetes/deportes ...	Record/gift/ underwear/toy/ sport ... department	*Récord/guift/ ánder-uéa/tóy/ sport ... départment*

ROPA Y ACCESORIOS

Abrigo	Overcoat	*Ovacóut*
Impermeable	Raincoat	*Réincout*
Gabardina	Trench coat	*Trench cóut*
Pantalones	Trousers	*Tráusas*
Vaqueros	Jeans	*Yíins*
Pantalones cortos	Shorts	*Shorts*
Jersey	Pullover	*Pulóva*
Chaqueta	Jacket	*Yáket*

Camiseta	T-shirt	*Ti-shert*
Chaleco	Waistcoat	*Uéistcout*
Camiseta	Vest	*Vest*
Calzoncillos	Underpants	*Ándapants*
Calcetines	Socks	*Soks*
Corbata	Tie	*Tái*
Camisa	Shirt	*Shert*
Blusa	Blouse	*Bláus*
Falda	Skirt	*Skert*
Rebeca	Cardigan	*Cárdigan*
Traje	Suit	*Sut*
Vestido	Dress	*Dres*
Traje de noche	Evening dress	*Ívning dres*
Sujetador	Bra	*Bra*
Medias	Tights	*Táits*
Bragas	Knickers	*Níkas*
Bata	Dressing gown	*Drésing gáun*
Pijama	Pyjamas	*Piyáamas*
Camisón	Night gown	*Náit gáun*
Guantes	Gloves	*Glavs*
Bufanda	Scarf	*Scáaf*
Paraguas	Umbrella	*Ambréla*
Pañuelo	Handkerchief	*Jángkechif*
Cinturón	Belt	*Belt*
Bolso	Handbag	*Jándbag*
Monedero	Purse	*Pers*
Sombrero	Hat	*Jat*
Abanico	Fan	*Fan*
Anillo	Ring	*Ring*

Pendiente	Earring	*Íiring*
Pulsera	Bracelet	*Bréislet*
Bañador	Bathing costume	*Béiding cóstiuum*
Chándal	Tracksuit	*Tráksuut*
Sudadera	Sweat shirt	*Suét-shert*

MATERIALES

Algodón	Cotton	*Cóton*
Piel	Leather	*Léda*
Lino	Linen	*Línin*
Lana	Wool	*Wúul*
Terciopelo	Velvet	*Vélvit*
Seda	Silk	*Silk*
Viscosa	Viscose	*Víscous*
Nilón	Nylon	*Náilon*
Acrílico	Acrilic fibre	*Acrílic fáiba*

COLORES

Blanco	White	*Uáit*
Negro	Black	*Blak*
Rojo	Red	*Red*
Azul	Blue	*Blu*
Amarillo	Yellow	*Yélou*
Marrón	Brown	*Bráun*
Verde	Green	*Gríin*
Gris	Grey	*Gréy*
Beige	Beige	*Béish*
Morado	Purple	*Pérpel*
Naranja	Orange	*Órinch*
Rosa	Pink	*Pink*
Claro	Light	*Láit*
Oscuro	Dark	*Dark*

Spanish	English	Pronunciation
¿En qué planta está la sección de artículos de piel?	In which floor is the leather goods department?	In uích flóor is de léda guds depártment?
En la planta baja	On the ground floor	On de gráund flóor
Quisiera ver algunas camisas de rayas	I would like to see some striped shirts	Aid láik tu síi sam stráipt sherts
La quiero de manga corta (larga)	I want it with short (long) sleeves	Ai uóntit uíd short (long) slíivs
¿De qué es?	What material is it?	Uót matiérial isít?
¿Tienen otros modelos?	Have you got any other designs?	Jáviu got éni óda disáins?
¿De qué talla, por favor?	What size, please?	Uót sáis, plíis?
¿Me irá bien ésta?	Is this my size?	Is dis mai sáis?
¿Dónde está el probador?	Where is the fitting room?	Uéa is de fíting rum?
Voy a probármela	I'll try it on	Ail tráiit on

Spanish	English	Pronunciation
¿Le queda bien?	Does it fit you?	*Dásit fit yu?*
El cuello me queda un poco apretado	The collar is a little tight	*De cóla is a lítel táit*
Me hace una arruga aquí	It has a wrinkle here	*It has a rínkel jía*
Voy a probarme una talla mayor	I'll try a larger size	*Ail tráy a láarya sáis*
Me quedo con ésta	I'll take this one	*Ail téik dis uán*
Por favor, enséñeme corbatas de seda natural	Please, show me some natural silk ties	*Plíis, shóumi sam náchural silk táis*
¿De qué color?	In which colour?	*In uích cála?*
Azul marino	Navy blue	*Néivi blu*
Me gusta ésta	I like this one	*Ai láik dis uán*
¿Cuánto es todo?	How much is that all together?	*Jau mach is dat óltugueda?*

| ¿Dónde está la caja? | Where is the cash? |
| | *Uéa is de cash?* |

| ¿En efectivo o con tarjeta? | Will you pay cash or by credit card? |
| | *Uíl yu péy cash or bay crédit card?* |

| ¿Podría envolvérmelo para regalo? | Could you gift-wrap it for me? |
| | *Cud yu guift-rap it for mi?* |

EN UNA ZAPATERÍA

Zapatos	Shoes	*Shúus*
Botas	Boots	*Búuts*
Sandalias	Sandals	*Sándals*
Mocasines	Moccasins	*Mókesins*
Zapatillas	Slippers	*Slípas*
Suela	Sole	*Sóul*
Tacón	Heel	*Jíil*
Cordón	Shoelace	*Shúuleis*
Piel	Leather	*Léda*
Ante	Suede	*Suéid*
Goma	Rubber	*Rába*

| Deseo un par de zapatos de tacón alto | I want a pair of high-heeled shoes |
| | *Ai uónt a péa ov jái-jíild shúus* |

Spanish	English	Pronunciation
¿Cómo los quiere?	What kind do you want?	Uót káind du yu uónt?
Con cordones y que sean buenos para la lluvia	With shoelaces and good for the rain	Uíd shúu-léisis and gud for de réin
¿Qué número calza?	What size, please?	Uót sáis, plíis?
Haga el favor de enseñarme los del escaparate	Will you please show me the pair in the window	Uíl yu plíis shóumi de péa in de uíndou
Me aprietan un poco	They are a little tight	Déy ar a lítel táit
Me quedan demasiado grandes	They are too large	Déy ar túu láarch
Pruébese este otro número	Try this size	Tráy dis sáis
Este me está bien	This one fits well	Dis uán fits uél
¿Cuánto valen?	How much are they?	Jau mach ar déy?

EN UNA PERFUMERÍA

Jabón	Soap	*Sóup*
Champú	Shampoo	*Shampú*
Desodorante	Deodorant	*Diódorant*
Gel de baño	Shower gel	*Sháua yel*
Laca	Hair spray	*Jéa spréy*
Bronceador	Sun tan cream	*San tan críim*
Peine	Comb	*Cóum*
Cepillo	Hairbrush	*Jéa-brash*
Cepillo de dientes	Toothbrush	*Túuz-brash*
Pasta de dientes	Toothpaste	*Túuz-péist*
Maquillaje	Make up	*Méikap*
Colonia	Cologne water	*Colóun uóta*
Esmalte	Nail varnish	*Néil várnish*
Rímel	Mascara	*Mascára*
Barra de labios	Lipstick	*Lípstik*
Perfume	Perfume	*Perfiúum*
Depilatorio	Hair remover	*Jéa rimúuva*
Tijeras	Scissors	*Sísos*
Loción facial	Face lotion	*Féis lóushen*
Crema limpiadora	Cleansing cream	*Clénsing críim*
Crema nutritiva	Nourishing cream	*Nárishing críim*
Maquinilla de afeitar	Razor	*Réiza*
Espuma de afeitar	Shaving foam	*Shéiving fóum*

EN UNA TIENDA DE FOTOS

Cámara	Camera	*Cámra*
Objetivo	Lens	*Lens*
Visor	View-finder	*Viú-fáinda*
Filtro	Filter	*Fílta*
Diafragma	Diaphragm	*Dáiafrem*
Disparador	Trigger	*Tríga*
Carrete	Camera film	*Cámra film*
Color	Colour	*Cála*
Blanco y negro	Black and white	*Blákand uáit*
Diapositiva	Slide	*Sláid*
Negativo	Negative	*Négatif*
Tamaño	Size	*Sáis*
Ampliación	Enlargement	*Inlárchment*
Copia	Print	*Print*
Foto	Photograph	*Fótograf*
Pila	Battery	*Bátri*
Brillo	Gloss	*Glos*
Mate	Matt	*Mat*

Por favor, ¿me da un carrete de 24 fotos para esta cámara?	✐	Would you give me a 24 exposure film for this camera?
	💬	*Wud yu guívmi a tuénti-for ikspóusha film for dis cámra?*

¿Cuánto cuesta el revelado?	✐	How much does the developing cost?
	💬	*Jau mach das de divéloping cost?*

Español	English	Pronunciation
¿Puede revelar este carrete y sacar dos copias de cada foto?	Could you develop this film with two prints of each photograph?	Cud yu divélop dis film uíd túu prints ov íich fótograf?
¿Puede ampliarme estas copias?	Can you enlarge these prints?	Can yu inlárch díis prints?
¿Hace Vd. fotos de carné?	Do you take passport photographs?	Du yu téik pásport fótografs?
Mi cámara no funciona, ¿puede Vd. ver qué le pasa?	My camera won't work, can you see what is wrong with it?	Mai cámra uónt uórk, can yu síi uót is rong uidít?

EN UNA ÓPTICA

Gafas	Glasses	*Glásis*
Lentes de contacto (lentillas)	Contact lenses	*Cóntact lénsis*
Gafas de sol	Sun glasses	*San glásis*
Cristal	Lens	*Lens*
Montura	Frame	*Fréim*

Se me ha roto la montura de las gafas. ¿Pueden arreglármela?	🖉	I have broken the frames of my glasses. Can you repair them?
	💬	*Ai jav bróuken de fréims ov mai glásis. Can yu ripér dem?*

¿Cuándo estarán listas?	🖉	When will they be ready?
	💬	*Uén uíl déy bi rédi?*

Se me ha roto un cristal. ¿Pueden hacerme otro nuevo?	🖉	I have broken a lens. Can you replace it?
	💬	*Ai jav bróuken a lens. Can yu ripléisit?*

Necesito un líquido limpiador de lentillas	🖉	I am looking for some cleaning fluid for contact lenses
	💬	*Aim lúking for sam clíining flúid for cóntact lénsis*

Quiero revisarme la vista	🖉	I would like to have my eyes tested
	💬	*Aid láik tu jav mai áis téstid*

EN UNA FLORISTERÍA

Rosa	Rose	*Róus*
Clavel	Carnation	*Carnéishen*
Margarita	Daisy	*Déisi*
Orquídea	Orchid	*Órkid*
Lirio	Iris	*Áiris*
Azucena	White lily	*Uáit líli*
Violeta	Violet	*Váiolet*
Pensamiento	Pansy	*Pánsi*
Dalia	Dahlia	*Déilia*
Nardo	Spikenard	*Spáiknaard*
Gardenia	Gardenia	*Gardíinia*
Jacinto	Hyacinth	*Jáiasinz*
Narciso	Daffodil	*Défodil*
Crisantemo	Chrysanthemum	*Crisánzemem*
Tulipán	Tulip	*Tiúlip*

Quería encargar un ramo de flores	I would like to order a bouquet
	Aid láik tu órda a buké

Puede escoger entre rosas o claveles de varios colores	You can choose roses or carnations in several colours
	Yu can chúus róusis or carnéishens in sévral cálas

Spanish		English / Pronunciation
Deseo un centro de flores secas	✏️	I want a dried flower arrangement
	💬	*Ai uónt a dráied fláua aréinchment*
¿Cómo se llaman estas flores?	✏️	What are these flowers called?
	💬	*Uót ar díis fláuas cold?*
¿Cuánto cuesta este helecho?	✏️	How much is this fern?
	💬	*Jau mach is dis fern?*
¿Pueden mandarlo a esta dirección mañana antes de las doce?	✏️	Can you send it to this address before twelve tomorrow?
	💬	*Can yu séndit tu dis ádres bifór tuélf tumórou?*
Envíen también esta tarjeta, por favor	✏️	Could you please send this card too?
	💬	*Cud yu plíis send dis card túu?*

EN UN ESTANCO

Tabaco	Tobacco	*Tobáco*
Estanco	Tobacconist's	*Tobáconists*
Cigarrillo	Cigarette	*Sígaret*
Rubio/negro	Virginian/black	*Viryínian/blak*
Puro	Cigar	*Sigáar*
Cerillas	Matches	*Mátchis*
Encendedor	Lighter	*Láita*
Pipa	Pipe	*Páip*
Boquilla	Cigarette holder	*Sígaret jóulda*

Deme un paquete de cigarrillos con filtro	Give me a packet of filter tipped cigarettes	*Guívmi a páket ov fílta tipt sígarets*

Deme también una caja de cerillas	Give me a box of matches too	*Guívmi a box ov mátchis túu*

EN UNA PELUQUERÍA

Peluquero/a	Hairdresser	*Jéa-drésa*
Pelo (cabello)	Hair	*Jéa*
Tijeras	Scissors	*Sísos*
Peine	Comb	*Cóum*
Cepillo	Brush	*Brash*
Secador	Dryer	*Dráia*
Corte de pelo	Hair cut	*Jéa cat*
Lavado	Shampooing	*Shampúing*
Peinado	Hair style	*Jéa stáil*
Manicura	Manicure	*Mánikiur*
Tinte	Dyeing	*Dáiing*
Afeitado	Shave	*Shéiv*
Barba	Beard	*Bíed*
Bigote	Moustache	*Mostásh*
Patillas	Sideboards	*Sáid-bords*
Flequillo	Fringe	*Frinch*
Rizo	Curl	*Kerl*
Trenza	Plait	*Plat*

Deseo afeitarme	I want a shave
	Ai uónt a shéiv

Córteme el pelo a navaja	A razor cut, please
	A réiser cat, plíis

No me corte mucho	Just a trim
	Yost a trim

Spanish	English	Pronunciation
Arrégleme el bigote	Trim the moustache	*Trim de mostásh*
Lávemelo, por favor	A shampoo, please	*A shampú, plíis*
Tengo caspa	I have dandruff	*Ai jav dándraf*
Lavar y peinar	I would like to have my hair washed and set	*Aid láik tu jav mai jéa uósht and set*
¿Cuánto tendré que esperar?	How long shall I have to wait?	*Jau long shel ai jav tu uéit?*
El agua está demasiado caliente/fría	The water is too hot/cold	*De uóta is túu jot/cóuld*
Tengo el cabello graso/seco	My hair is greasy/dry	*Mai jéa is gríisi/drái*
Se me cae mucho el pelo	I am losing a lot of hair	*Aim lúsing a lot ov jéa*
¡Córteme sólo las puntas!	Trim the ends	*Trim di ends*

Quiero un corte como éste	🖉	I would like a hair cut like this
	💬	*Aid láik a jéa cat láik dis*

Quisiera teñirme el pelo/hacerme una permanente	🖉	I would like to dye my hair/ have a permanent wave
	💬	*Aid láik tu dái mai jéa/ jav a pérmanent uéiv*

¿Del mismo color?	🖉	Same colour?
	💬	*Séim cála?*

Un poco más oscuro/claro	🖉	A little darker/lighter
	💬	*A lítel darka/láita*

¿Cómo la peino?	🖉	How shall I set your hair?
	💬	*Jau shel ai set yor jéa?*

Todo hacia atrás, sin raya	🖉	Towards the back, without any parting
	💬	*Touárds de bak, uidáut éni párting*

Como le parezca	🖉	However you want
	💬	*Jauéva yu uónt*

Así está bien, gracias	🖉	That's fine, thank you
	💬	*Dats fáin, zénkiu*

TIEMPO LIBRE

MUSEOS Y LUGARES DE INTERÉS

Museum	Museum	*Miusíem*
Catedral	Cathedral	*Cazídral*
Monumento	Monument	*Móniument*
Horas de visita	Visiting hours	*Vísiting áuas*
Entrada libre	Free entry	*Fríi éntri*
Entrada	Ticket	*Tíket*
Abierto	Open	*Óupen*
Cerrado	Closed	*Clóust*
Catálogo	Brochure	*Bróusha*
Guía	Guide	*Gáid*
Salas	Halls	*Jols*
Exposición	Exhibition	*Eksibíshen*
Cuadro (pintura)	Picture	*Píkcha*
Dibujo	Drawing	*Dróoing*
Grabado	Engraving	*Ingréiving*
Escultura	Sculpture	*Scálpcha*
Arte	Art	*Aart*
Capilla	Chapel	*Chápel*
Claustro	Cloister	*Clóista*
Cúpula	Dome	*Dóum*
Nave	Nave	*Néiv*
Palacio	Palace	*Pálas*
Torre	Tower	*Táua*
Patio	Courtyard	*Cóort-yárd*
Mármol	Marble	*Máabel*
Bronce	Bronze	*Brons*
Piedra	Stone	*Stóun*

Spanish	English	Pronunciation
¿Qué lugares de interés hay en la ciudad?	What places of interest are there in the town?	Uót pléisis ov íntrist ar déa in de táun?
El museo ..., la iglesia de San ... y el Ayuntamiento tiene un especial interés turístico	The ... Museum, St... Church and the Town Hall are specially interesting for tourists	De ... miusíem, séint ... chorch and de táun-jol ar spéshiali íntresting for túurists
¿A qué hora abre/cierra el Museo de Bellas Artes?	What time does the Fine Arts Museum open/close?	Uót táim das de fáin arts miusíem óupen/clóus?
¿Se puede hacer una visita con guía?	Is it possible to have a guided tour?	Is it pósibel tu jav a gáidid túur?
Prohibido hacer fotografías	Pictures forbidden	Píkchas foobídn
¿De qué siglo es?	Which century is it from?	Uích sénchuri isít from?
¿Se puede subir al campanario?	Is it possible to go up the bell tower?	Is it pósibel tu góu ap de bel táua?

DIVERSIONES

Sala de conciertos	Concert hall	*Cónsert jol*
Teatro	Theatre	*Zíata*
Cine	Cinema	*Sínema*
Entrada	Ticket	*Tíket*
Taquilla	Booking office	*Búking ófis*
Cartelera	List of plays	*List ov pléis*
Asiento	Seat	*Síit*
Fila	Row	*Róu*
Pasillo	Aisle	*Áil*
Guardarropa	Cloakroom	*Klóukrum*
Acomodador	Usher	*Ásha*
Estreno	Première	*Premiéa*

CONCIERTOS

Música	Music	*Miúsic*
Músico	Musician	*Miuusíshen*
Orquesta	Orchestra	*Órkistra*
Director	Conductor	*Condácter*
Cantante	Singer	*Sínga*
Público	Audience	*Óodiens*

¿Qué orquesta toca?		Which orchestra is playing?
		Uích órkistra is pléiing?

| Deme dos palcos para el concierto de esta noche | ✏️ | Give me two boxes for this evening's concert |
| | 💬 | *Guívmi túu bóksis for dis ívnings cónsert* |

| Deseo un asiento en primera fila | ✏️ | I would like a seat in the front row |
| | 💬 | *Aid láik a síit in de front róu* |

TEATRO

Obra	Play	*Pléy*
Actor	Actor	*Ácter*
Actriz	Actress	*Áctris*
Escenario	Stage	*Stéich*
Telón	Curtain	*Kértn*
Decorados	Scenery	*Síineri*
Función	Show	*Shóu*
Acto	Act	*Act*
Entreacto	Interval	*Íntevel*

| ¿Qué ponen en el Teatro ... esta noche? | ✏️ | What is on at the Theatre ... tonight? |
| | 💬 | *Uóts on at de zíata ... tunáit?* |

| ¿En qué teatro ponen el ballet de ...? | ✏️ | Which theatre is the ballet by ... on at? |
| | 💬 | *Uích zíata is de bálei bay ... on at?* |

| ¿Cuánto dura la obra? | ✏️ | How long does the play last? |
| | 💬 | *Jau long das de pléy last?* |

| Dos butacas centrales, por favor | ✏️ | Two stalls in the centre, please |
| | 💬 | *Túu stóols in de sénta, plíis* |

CINE

Película	Film	*Film*
Pantalla	Screen	*Scríin*
Sesión	Showing	*Shóuing*
Documental	Documentary	*Dokiuménteri*
Dibujos animados	Cartoons	*Cartúuns*

¿Dónde se proyecta la nueva película de ...?	Where is the new film by ... on?	
	Uéa is de niú film bay ... on?	

¿Es en versión original con subtítulos?	Is it in the original language with subtitles?	
	Is it in di oríyinal lángüich uíd sab-táitels?	

No, está doblada	No, it is dubbed	
	Nou, its dabd	

EN LA PLAYA / PISCINA

Playa	Beach	*Bíich*
Mar	Sea	*Síi*
Piscina	Swimming pool	*Suíming puul*
Arena	Sand	*Sand*
Ola	Wave	*Uéiv*
Orilla	Shore	*Shóo*
Barca	Boat	*Bóut*

Sombrilla	Sunshade	*San-shéid*
Tumbona	Sun bed	*San-bed*
Bañador	Bathing costume	*Béiding cóstium*
Trampolín	Spring board	*Spring-bord*
Ducha	Shower	*Sháua*

¿Es peligroso bañarse aquí?	Is it dangerous to swim here?
	Is it dányerous tu suím jía?

El agua está sucia (contaminada)	The water is dirty (polluted)
	De uóta is dérti (polúutid)

¿Hay socorristas?	Are there lifeguards?
	Ar déa láifgards?

DE CAMPING

Camping (lugar)	Camp-site	*Camp-sáit*
Tienda de campaña	Tent	*Tent*
Caravana	Caravan	*Cáravan*
Saco de dormir	Sleeping bag	*Slíiping bag*
Martillo	Hammer	*Jáma*
Linterna	Lamp	*Lamp*
Bombona de butano	Butane cylinder	*Biútein sílinda*
Abrelatas	Tin-opener	*Tin-óupena*
Navaja	Pocket knife	*Póket-náif*
Sacacorchos	Corkscrew	*Córkscruu*
Enchufe	Electric point	*Eléctric póint*
Servicios	Toilets	*Tóilets*

Estoy buscando un camping cerca de la playa	✏️	I am looking for a camp-site near the beach
	💬	*Aim lúking for a camp-sáit nía de bíich*

¿Cuál es la tarifa diaria?	✏️	Can you tell me the daily fee?
	💬	*Can yu télmi de déily fíi?*

¿Podemos montar la tienda aquí?	✏️	Can we pitch the tent here?
	💬	*Can uí pitch de tent jía?*

¿Dónde puedo aparcar el coche?	✏️	Where can I park my car?
	💬	*Uéa cánai park mai car?*

Quiero quedarme ... días	✏️	I would like to stay for ... days
	💬	*Aid láik tustéy for ... déys*

¿Es agua potable?	✏️	Is the water drinkable?
	💬	*Is de uóta drínkebel?*

¿Podemos encender fuego?	✏️	Can we light a fire?
	💬	*Can uí láit a fáia?*

¿Hay vigilancia nocturna?	✏️	Is there a night watchman on the camp-site?
	💬	*Is déa a náit-uótchman on de camp-sáit?*

¿Hay un supermercado cerca?	✏️	Is there a supermarket near?
	💬	*Is déa a súupa-márket nía?*

Polideportivo	Sports centre	*Sports sénta*
Pista de tenis	Tennis court	*Ténis córt*
Gimnasio	Gym	*Yim*
Campo de golf	Golf course	*Golf cors*
Campo de fútbol	Football ground	*Fúutbol gráund*
Piscina	Swimming pool	*Suíming púul*

¿Dónde está el / la ... más próximo/a?	Where is the nearest ...?
	Uéa is de níerest ...?

Quería alquilar una tabla de windsurfing	I would like to hire a sailboard
	Aid láik tu jáia a séil-bord

¿Hay monitores de esquí acuático?	Is there a water-skiing instructor?
	Is déa a uóta-skíing instrácter?

¿Puedo tener una clase?	Can I have a lesson?
	Cánai jav a léson?

¿Cuánto cuesta una hora de clase?	How much does a one-hour lesson cost?
	Jau mach das a uán-áua léson cost?

Quisiera reservar la pista para mañana a las ...	I would like to book the court for tomorrow at ...
	Aid láik tu buk de córt for tumórou at ...

VARIOS

BANCOS

Banco	Bank	*Bank*
Caja de ahorros	Savings bank	*Séivings bank*
Cambio	Exchange	*Ikschéinch*
Dinero	Money	*Máni*
Moneda	Coin	*Cóin*
Billete	Note	*Nóut*
Libras	Pounds	*Páunds*
Cheque	Cheque	*Chek*
Tarjeta de crédito	Credit card	*Crédit card*
Cheque de viaje	Traveller's cheque	*Trável as chek*
Cotización	Exchange rate	*Ikschéinch réit*
Divisas	Foreign currency	*Fóren cárensi*
Ventanilla	Counter	*Cáunta*
Caja	Cashdesk	*Cash-desk*
Cajero automático	Cash dispenser	*Cash dispénsa*
Recibo	Receipt	*Risíit*
Cuenta corriente	Current account	*Cárent acáunt*
Interés	Interest	*Íntrist*
Letra de cambio	Bill of exchange	*Bil ov ikschéinch*

¿Dónde puedo cambiar dinero?	✎	Where can I change my money?
	💬	*Uéa cánai chéinch mai máni?*

¿Cuál es el horario de los bancos?	✎	What are the banking hours?
	💬	*Uót ar de bánking áuas?*

Quería cambiar este cheque de viaje	✏️ I would like to change this traveller's cheque
	💬 *Aid láik tu chéinch dis trávelas chek*

¿Han recibido una transferencia de ... a nombre de ...?	✏️ Have you received a transfer from ... addressed to ...?
	💬 *Jáviu risíivd a tránsfer from ... adrést tu ...?*

¿Puedo cobrar este cheque al portador?	✏️ Can I cash this bearer cheque?
	💬 *Cánai cash dis béara chek?*

Firme aquí, por favor	✏️ Sign here, please
	💬 *Sáin jía, plíis*

Pase por caja (ventanilla número ...)	✏️ Go to the cashdesk (counter number ...)
	💬 *Góu tu de cash-desk (cáunta námba ...)*

CORREOS

Correos	Post office	*Póust ófis*
Carta	Letter	*Léta*
Postal	Postcard	*Póust-cáard*
Sello	Stamp	*Stamp*
Franqueo	Postage	*Póustich*
Paquete	Parcel	*Pársel*
Lista de correos	Poste restante	*Póust-restánte*
Dirección	Address	*Ádres*
Código postal	Postal code	*Póustal cóud*
Remitente	Sender	*Sénda*
Destinatario	Addressee	*Adresíi*
Por correo	By mail	*Bay méil*
Por avión	Air mail	*Éer méil*
Carta certificada	Registered letter	*Réyisted léta*
Carta urgente	Express letter	*Iksprés léta*
Impresos	Printed matter	*Príntid máta*
Contra reembolso	Cash on delivery	*Cash on dilíveri*
Apartado de correos	P.O. Box	*Pi-ou-box*

¿A qué hora abre Correos?	🖊	What time is the post office open?
	💬	*Uót táim is de póust-ófis óupen?*

¿Cuál es el franqueo de una postal para España?	🖊	What is the postage for a postcard to Spain?
	💬	*Uóts de póustich for a póust-card tu Spéin?*

¿Cuál es la ventanilla de Certificados?	🖉	Which is the counter for registered mail?
	💬	*Uích is de cáunta for réyisted méil?*
Quiero enviar este paquete por avión	🖉	I want to send this parcel by air mail
	💬	*Ai uónt tu send dis pársel bay éer méil*
¿Puede ayudarme a rellenar este impreso?	🖉	Can you help me to fill in this form?
	💬	*Can yu jélpmi tu fil in dis form?*
¿Hay cartas a nombre de ... en Lista de Correos?	🖉	Are there any letters poste restante in the name of ...?
	💬	*Ar déa éni létas póust-restánte in de néim ov ...?*
¿Qué documentos necesito para recoger un paquete?	🖉	What documents do I need to collect a package?
	💬	*Uót dókiuments du ai níid tu coléct a pákich?*
Deseo cobrar este giro postal	🖉	I would like to cash this postal order
	💬	*Aid láik tu cash dis póustal órda*
¿Cuánto cuesta un telegrama a ...?	🖉	How much does a telegram to ... cost?
	💬	*Jau mach das a téligram tu ... cost?*

TELÉFONOS

Teléfono público	Public telephone	*Páblic télifoun*
Cabina	Phone box	*Fóun box*
Número	Number	*Námba*
Prefijo	Code number	*Cóud námba*
Llamada	Telephone call	*Télifoun col*
Monedas	Coins	*Cóins*

Quiero hacer una llamada a cobro revertido a ...	I would like to make a collect call to ...	
	Aid láik tu méik a coléct col tu ...	

¿Cuál es el prefijo de ...?	What is the code number for ...?	
	Uóts de cóud námba for ...?	

¿Cuál es el número de Información?	What is the phone number for inquiries?	
	Uóts de fóun námba for incuáieris?	

No contestan	There is no answer	
	Déa is nou ánsa	

Está comunicando	It is engaged	
	Its inguéich	

Se ha equivocado	You have got the wrong number	
	Yu jav got de rong námba	

¡Dígame!	Hello!	
	Jélou!	

Soy ...	✏️	This is ...
	💬	*Dis is ...*
¿Puedo hablar con ...?	✏️	May I speak to ...?
	💬	*Mei ai spíik tu ...?*
Soy yo	✏️	It is me
	💬	*Its mi*
Un momento, por favor	✏️	Just a moment, please
	💬	*Yast a móument, plíis*
¿De parte de quién?	✏️	Who is calling?
	💬	*Júu is cóling?*
No cuelgue	✏️	Hold the line
	💬	*Jóuld de láin*
Ha salido	✏️	He is out
	💬	*Jis áut*
¿Quiere dejarle un recado?	✏️	Would yo like to leave a message?
	💬	*Wud yu láik tu líiv a mésich?*
Dígale que ... ha llamado	✏️	Tell him/her that ... has called
	💬	*Tel jim/jer dat ... jas cold*

SALUD

EL CUERPO HUMANO

Cabeza	Head	Jed
Cara	Face	Féis
Ojo	Eye	Ái
Nariz	Nose	Nóus
Oído	Ear	Ía
Boca	Mouth	Máuz
Lengua	Tongue	Tang
Garganta	Throat	Zróut
Cuello	Neck	Nek
Hombro	Shoulder	Shóulda
Brazo	Arm	Arm
Codo	Elbow	Élbou
Muñeca	Wrist	Rist
Mano	Hand	Jand
Dedo	Finger	Fínga
Espalda	Back	Bak
Pecho	Chest	Chest
Pierna	Leg	Leg
Rodilla	Knee	Níi
Pie	Foot	Fúut
Dedo del pie	Toe	Tóu
Corazón	Heart	Jáart
Estómago	Stomach	Stómak
Pulmón	Lung	Lang
Hígado	Liver	Líva
Riñones	Kidneys	Kídnis
Intestinos	Intestines	Intéstins

MÉDICO

Médico	Doctor	*Dócter*
Enfermera	Nurse	*Nérs*
Paciente	Patient	*Péishent*
Enfermedad	Illness	*Ílnes*
Dolor	Pain	*Péin*
Consulta	Surgery (room)	*Séryeri (rum)*
Sala de espera	Waiting room	*Uéiting-rum*
Rayos X	X-ray	*Iks-réy*
Receta	Prescription	*Priscrípshen*
Presión sanguínea	Blood pressure	*Blad présha*
Grupo sanguíneo	Blood group	*Blad grúup*

¿Puede llamar a un médico?	🖉	Can you call a doctor?
	💬	*Can yu col a dóctor?*
¿Conoce a algún médico que hable español?	🖉	Do you know a doctor who speaks Spanish?
	💬	*Du yu nóu a dóctor júu spíiks spánish?*
¿Puede llevarme a Urgencias?	🖉	Can you take me to the Casualty Department?
	💬	*Can yu téikmi tu de cáshiualti depártment?*
No me siento bien	🖉	I don't feel well
	💬	*Ai dont fíil uél*
¿Qué le pasa?	🖉	What is the matter?
	💬	*Uóts de máta?*

| Tengo ... | ✏️ | I have got ... |
| | 💬 | *Ai jav got ...* |

gripe	flu (influenza)	*flúu (influénza)*
dolor de cabeza	a headache	*a jedéik*
dolor de estómago	a stomach ache	*a stómak-éik*
dolor de garganta	a sore throat	*a sóo zróut*
tos	a cough	*a caf*
fiebre	a temperature	*a témprita*

| Estoy resfriado/a | ✏️ | I have got a cold |
| | 💬 | *Ai jav got a cóuld* |

| Tengo mareos | ✏️ | I am suffering from dizzy spells |
| | 💬 | *Aim sáfering from dítsi spels* |

| Creo que me he roto una pierna | ✏️ | I think I have broken my leg |
| | 💬 | *Ai zink aiv bróuken mai leg* |

| Me he torcido un tobillo | ✏️ | I have sprained my ankle |
| | 💬 | *Ai jav spréind mai ánkel* |

| Me cuesta trabajo respirar | ✏️ | I have difficulties in breathing |
| | 💬 | *Ai jav díficaltis in bríizing* |

| ¿Dónde le duele? | ✏️ | Where does it hurt? |
| | 💬 | *Uéa dásit jert?* |

| ¿Desde cuándo está enfermo? | ✏️ | How long have you been ill? |
| | 💬 | *Jau long jáviu bíin il?* |

Soy alérgico a ...	✏️	I am allergic to ...
	💬	*Aim aléryik tu ...*

Estoy embarazada de ... semanas	✏️	I am in my ... week of pregnancy
	💬	*Aim in mai ... uíik ov prégnansi*

Respire, tosa, saque la lengua	✏️	Breath, cough, put out your tongue
	💬	*Bríiz, caf, pútaut yor tang*

Quítese la ropa, por favor	✏️	Undress, please
	💬	*Án-drés, plíis*

Debe quedarse en cama ... días	✏️	You must stay in bed for ... days
	💬	*Yu mast stéy in bed for ... déys*

Tome estas pastillas cada ... horas	✏️	Take these pills every ... hours
	💬	*Téik díis pils évri ... áuas*

DENTISTA

Dientes	Teeth	*Tíiz*
Muela	Back tooth	*Bak túuz*
Muela del juicio	Wisdom tooth	*Uísdom túuz*
Encía	Gum	*Gam*
Caries	Tooth decay	*Túuz dikéy*
Empaste	Filling	*Fíling*

Me duele este diente (muela)	✏️	This tooth hurts
	💬	*Dis túuz jerts*

Habrá que sacarla	✏️	I must take it out
	💬	*Ai mast téikit áut*

| Deme un calmante | ✏️ Give me a sedative |
| | 💬 *Guívmi a sédatif* |

| Se me ha caído el empaste | ✏️ The filling has fallen out |
| | 💬 *De fíling jas fólen áut* |

| ¿Puede empastármelo en seguida? | ✏️ Can you fill it at once? |
| | 💬 *Can yu fil it at uáns?* |

COMISARÍA

Comisaría	Police station	*Polís stéishen*
Policía	Police	*Polís*
Policía (agente)	Police officer	*Polís ófisa*
Denuncia	Report	*Ripórt*
Declaración	Statement	*Stéitment*
Abogado	Lawyer	*Lóya*
Robo	Theft	*Zeft*
Atraco	Mugging	*Máguing*
Accidente	Accident	*Áksident*
Pasaporte	Passport	*Pásport*
Cartera	Wallet	*Uólit*
Bolso	Handbag	*Jándbag*

| ¿Dónde está la comisaría más próxima? | ✏️ Where is the nearest police station? |
| | 💬 *Uéa is de níerest polís stéishen?* |

| Vengo a poner una denuncia | ✏️ I have come to report a ... |
| | 💬 *Ai jav cam tu ripórt a ...* |

| Me han robado el/la ... | My ... has been stolen |
| | *Mai ... jas bíin stóulen* |

| Me han golpeado | I have been assaulted |
| | *Ai jav bíin asóltid* |

| Mi ... ha desaparecido de la habitación | My ... has disappeared from my room |
| | *Mai ... jas disapíard from mai rum* |

| Se me ha perdido el pasaporte | I have lost my passport |
| | *Ai jav lost mai pásport* |

| He tenido un accidente de coche | I have had a car accident |
| | *Ai jav jad a car áksident* |

| No entiendo. ¿Puede venir un intérprete? | I don't understand. Can I have an interpreter? |
| | *Ai dont ánderstand. Cánai jav an intérprita?* |

| ¿Puedo llamar a mi embajada (consulado)? | Can I call my embassy (consulate)? |
| | *Cánai col mai émbesi (cónsulit)?* |

| ¿Cómo debo cumplimentar la denuncia? | How should I fill out the report? |
| | *Jau shúdai fil áut de ripórt?* |

DICCIONARIO DE VIAJE

ESPAÑOL-INGLÉS

a. to, at. *tu, at*

abajo. down. *dáun*

abierto. open. *óupen*

abrigo. coat. *cóut*

abril. April. *éipril*

abrir. to open. *óupen*

acabar. to finish. *tu fínish*

accidente. accident. *áksident*

aceite. oil. *óil*

aceituna. olive. *óliv*

acelerador. accelerator. *akseleréiter*

aceptar. to accept. *tu aksépt*

acera. pavement. *péivment*

aconsejar. to advise. *tu adváis*

acuerdo (de...). O.K. All right.
   ou-kéi. ol-ráit

adelante. ahead. *ajéd*

además. besides. *bisáids*

adiós. good bye. *gud bay*

aduana. customs. *cástoms*

afeitarse. to shave. *tu shéiv*

agencia. agency. *éiyensi*

agosto. August. *ógost*

agradable. nice. *náis*

agrio. sour. *sáua*

agua. water. *uóta*

ahí. there. *déa*

ahora. now. *náu*

ahorro. saving. *séiving*

aire. air. *éer*

ajo. garlic. *gárlic*

alcohol. alcohol. *álcojol*

algo. something. *sámzing*

algodón. cotton. *cóton*

almohada. pillow. *pílou*

almorzar. to have lunch. *tu jav lanch*

alojamiento. accommodation.
   acomodéishen

alquilar. to rent, to hire. *tu rent, tu jáia*

alrededor. around. *aráund*

alto. tall, high. *tol, jai*

allí. there. *déa*

amable. kind. *cáind*

amarillo. yellow. *yélou*

amargo. bitter. *bíta*

ambos. both. *bóuz*

ambulancia. ambulance. *ámbiulans*

amigo. friend. *frend*

ancho. wide. *uáid*

andar. to walk. *tu uók*

andén. platform. *plátform*

anoche. last night. *last náit*

anuncio. advertisement. *advértisment*

aparcar. to park. *tu park*

aparcamiento. parking. *párking*

apartamento. apartment. *apártment*

antes. before. *bifór*

año. year. *yía*

apellido. surname. *sérneim*

aprender. to learn. *tu léern*

aquel. that. *dat*

aquí. here. *jía*

árbol. tree. *tríi*

arena. sand. *sand*

arriba. up. *ap*

arroz. rice. *ráis*

artesanía. handicraft. *jándicraft*

asado. roast. *róust*

ascensor. lift. *lift*

así. so. *sóu*

asunto. affair. *áfer*

asiento. seat. *síit*

atención. attention. *aténshen*

aterrizar. to land. *tu land*

atrás. back. *bak*

atún. tuna. *túuna*

aunque. although. *oldóu*

autobús. bus. *bas*

autocar. coach. *cóuch*

autopista. motorway. *móutur-uéy*

avería. breakdown. *bréik-dáun*

averiado. out of order. *áut ov órda*

avión. plane. *pléin*

aviso. notice. *nóutis*

ayer. yesterday. *yésterdey*

ayudar. to help. *tu jelp*

ayuntamiento. town hall. *táun-jol*

azafata. stewardess. *stíuardes*

azúcar. sugar. *shúga*

azul. blue. *blu*

bacalao. cod. *cod*

bajo. low, short. *lóu, short*

banco. bank. *bank*

bañarse. to bathe. *tu béid*

baño. bath. *báaz*

bar. bar. *báar*

barato. cheap. *chíip*

barba. beard. *bíed*

barco. ship. *ship*

barrio. district. *dístrict*

bastante. enough. *enáf*

beber. to drink. *tu drink*

bebida. drink. *drink*

biblioteca. library. *láibreri*

bicicleta. bicycle. *báisekel*

bien. well. *uél*

bienvenido. welcome. *uélcam*

blanco. white. *uáit*

boca. mouth. *máuz*

bolso. handbag. *jándbag*

bolsillo. pocket. *pókit*

bonito. pretty. *príti*

bota. boot. *búut*

botella. bottle. *bótel*

brazo. arm. *arm*

bueno. good. *gud*

buscar. to look for. *tu luk for*

buzón. post box. *póust-box*

caballero. gentleman. *yéntelman*

caballo. horse. *jors*

cabello. hair. *jéa*

cabeza. head. *jed*

cada. each, every. *íich, évri*

café. coffee. *cófi*

cafetería. coffee house. *cófi jáus*

caja. box, cash. *box, cash*

caliente. hot. *jot*

calmante. sedative. *sédatif*

calor. heat. *jíit*

calle. street. *stríit*

cama. bed. *bed*

cámara. camera. *cámra*

camarero. waiter. *uéita*

camarote. cabin. *cábin*

cambiar. to change. *tu chéinch*

cambio. change, exchange.
   chéinch, ikschéinch

camino. way. *uéy*

camión. lorry. *lóri*

camisa. shirt. *shert*

campo. country, field. *cáuntri, fíild*

cara. face. *féis*

carne. meat. *míit*

carnicería. butcher's. *búchas*

caro. expensive. *ekspénsif*

carretera. road. *róud*

carta. letter. *léta*

cartera. wallet. *uólit*

casado. married. *mérid*

casi. nearly, almost. *níaly, ólmoust*

castillo. castle. *cásel*

catedral. cathedral. *cazídral*

catorce. fourteen. *fortíin*

cebolla. onion. *ónion*

cena. dinner, supper. *dína, sápa*

cenicero. ashtray. *áshtrey*

centro. centre. *sénta*

cepillo. brush. *brash*

cerca. near. *nía*

cerdo. pork, pig. *pork, pig*

cereza. cherry. *chéri*

cerilla. match. *match*

cero. zero. *sírou*

cerrado. closed. *clóust*

cerrar. to close. *tu clóus*

cerveza. beer. *bía*

chaleco. vest. *vest*

chaqueta. jacket. *yáket*

cheque. cheque. *chek*

chico/a. boy, girl. *bói, guerl*

chocolate. chocolate. *chóclit*

chuleta. chop. *chop*

cielo. sky. *skái*

cien. one hundred. *uán jándrid*

cigarrillo. cigarette. *sígaret*

cinco. five. *fáiv*

cine. cinema. *sínema*

cinturón. belt. *belt*

ciruela. plum. *plam*

cita. appointment. *apóintment*

ciudad. town, city. *táun, síti*

claro. clear, light. *clía, láit*

clase. class, kind, sort. *clas, káind, sort*

cliente. customer, client. *cástoma, cláient*

clima. climate. *cláimit*

cobrar. to cash. *tu cash*

cocido. boiled. *bóild*

coche. car. *car*

cocina. kitchen. *kíchen*

codo. elbow. *élbou*

coger. to catch, to take. *tu catch, tu téik*

col. cabbage. *cábich*

cola. queue, tail. *kiúu, téil*

colchón. mattress. *mátres*

coliflor. cauliflower. *cóliflaua*

color. colour. *cála*

comedor. dining room. *dáining-rum*

comenzar. to begin. *tu biguín*

comer. to eat. *tu íit*

comida. meal, food. *míil, fúud*

comisaría. police station. *polís stéishen*

como. how, like, as. *jáu, láik, as*

comprar. to buy. *tu báy*

comprender. to understand. *tu anderstánd*

con. with. *uíd*

conducir. to drive. *tu dráiv*

conmigo. with me. *uíd mi*

conocer. to know. *tu nóu*

consejo. advice. *adváis*

consigna. left-luggage office. *left-láguich ófis*

consulado. consulate. *cónsulit*

consulta. surgery. *séryeri*

contar. to tell, to count. *tu tel, tu cáunt*

contento. glad. *glad*

contigo. with you. *uíd yu*

contra. against. *eguéngst*

copa. (wine) glass. *(uáin) glas*

corazón. heart. *jart*

corbata. tie. *tái*

cordero. lamb. *lamb*

correo. mail. *méil*

Correos. post office. *póust-ófis*

cortar. to cut. *tu cat*

corto. short. *short*

cosa. thing. *zing*

cosecha. vintage. *víntich*

costa. coast. *cóust*

cotización. rate. *réit*

cristal. glass. *glas*

cruce. crossroads. *crósrouds*

crudo. raw. *róo*

cruzar. to cross. *tu cros*

cuadrado. square. *scuéa*

cuadro. picture. *pítcha*

cuál. which. *uích*

cualquiera. any. *éni*

cuando. when. *uén*

cuánto. how much/many. *jáu mach/méni*

cuarenta. forty. *fórti*

cuarto. quarter, fourth, room. *cuóta, forz, rum*

cuatro. four. *for*

cubierta. cover, deck. *cóva, dek*

cuchara. spoon. *spúun*

cuchillo. knife. *náif*

cuello. neck, collar. *nek, cóla*

cuenta. bill, account. *bil, acáunt*

cuerpo. body. *bódi*

cuidado. care, attention. *kéa, aténshen*

curva. bend, curve. *bend, kerv*

daño. damage. *dámich*

dar. to give. *tu guiv*

de. of, from. *ov, from*

deber. must. *mast*

decir. to say, to tell. *tu séy, tu tel*

dedo. finger, toe. *fínga, tóu*

dejar. to leave, to let. *tu líiv, tu let*

delante. in front. *in front*

demasiado. too, too much/many. *túu, túu mach/méni*

dentro. inside. *ínsaid*

deporte. sport. *sport*

derecho. right, straight. *ráit, stréit*

desayuno. breakfast. *brékfast*

descuento. discount. *discáunt*

desde. from, since. *from, sins*

desear. to want. *tu uónt*

despacio. slowly. *slóuli*

después. after. *áfta*

detrás. behind. *bijáind*

día. day. *déy*

diario. daily. *déili*

dibujo. drawing. *dróoing*

diccionario. dictionary. *díkshionari*

diciembre. December. *disémba*

diente. tooth. *túuz*

diez. ten. *ten*

difícil. difficult. *díficalt*

dinero. money. *máni*

dirección. direction, address. *dirékshen, ádres*

directo. direct. *dairéct*

disco. record. *récord*

diversión. entertainment. *entetéinment*

divisa. foreign currency. *fóren cárensi*

doble. double. *dábel*

dolor. pain, ache. *péin, éik*

domingo. Sunday. *sándey*

donde. where. *uéa*

dormir. to sleep. *tu slíip*

dormitorio. bedroom. *bed-rum*

dos. two. *túu*

ducha. shower. *sháua*

dueño. owner. *óuna*

dulce. sweet. *suíit*

durante. during. *diúring*

durar. to last. *tu last*

duro. hard. *jard*

edad. age. *éich*

edificio. building. *bílding*

ejemplo. example. *igsámpel*

el. the. *de*

él. he. *jíi*

ella. she. *shíi*

embajada. embassy. *émbasi*

embrague. clutch. *clach*

empezar. to begin, to start. *tu biguín, tu start*

empleado. employee. *emploíi*

empresa. enterprise. *énteprais*

empujar. to push. *tu push*

en. in. *in*

encendedor. lighter. *láita*

encima. above, over. *abóv, óva*

encontrar. to find, to meet. *tu fáind, tu míit*

enero. January. *yánuari*

enfermedad. illness, disease. *ílnes, disíis*

enfermera. nurse. *ners*

enfermo. ill, sick. *il, sik*

enfrente. opposite. *óposit*

ensalada. salade. *sálad*

enseñar. to teach, to show. *tu tíich, tu shóu*

entender. to understand. *tu anderstánd*

entero. whole. *jóul*

entonces. then. *den*

entrada. entrance, ticket. *éntrans, tíket*

entre. between, among. *bituíin, amáng*

enviar. to send. *tu send*

equipaje. luggage. *láguich*

error. mistake. *mistéik*

escalera. stairs. *stéas*

escribir. to write. *tu ráit*

escuchar. to listen. *tu lísen*

escuela. school. *scul*

ese. that. *dat*

espalda. back. *bak*

español. Spanish. *Spánish*

espectáculo. spectacle. *spéctekel*

espejo. mirror. *míror*

esperar. to wait, to hope.
   tu uéit, tu jóup

espuma. foam. *fóum*

esquina. corner. *córna*

estación. station, season.
   stéishen, síisen

estanco. tobacconist's. *tobáconists*

estar. to be. *tu bíi*

este. this, East. *dis, íist*

estómago. stomach. *stómak*

estrecho. narrow, tight. *nérou, táit*

estrella. star. *star*

estreñimiento. constipation.
   constipéishen

etiqueta. label. *léibel*

exposición. exhibition. *eksibíshen*

extranjero. foreign(er). *fóren(a)*

fábrica. factory. *fáctori*

fácil. easy. *íisi*

factura. invoice. *invóis*

falda. skirt. *skert*

familia. family. *fámili*

farmacia. chemist's. *kémists*

favor (por...). please. *plíis*

febrero. February. *fébruari*

fecha. date. *déit*

feliz. happy. *jápi*

feo. ugly. *ágli*

fiebre. fever. *fíva*

fiesta. party. *párti*

fila. row, line. *róu, láin*

filete. steak. *stéik*

filtro. filter. *fílta*

fin(al). end. *end*

firmar. to sign. *tu sáin*

flan. caramel custard.
   cáramel cástard

flor. flower. *fláua*

folleto. brochure. *bróusha*

foto. photograph. *fótougraf*

freno. brake. *bréik*

fresa. strawberry. *stróberi*

fresco. cool, fresh. *cúul, fresh*

frigorífico. fridge. *frich*

frío. cold. *cóuld*

frito. fried. *fráid*

frontera. frontier. *frántia*
fruta. fruit. *frúut*
fuego. fire. *fáia*
fuente. fountain. *fáuntin*
fuera. out, outside. *áut, áutsaid*
fuerte. strong. *strong*
fumar. to smoke. *tu smóuk*
función. show. *shóu*
furgoneta. van. *van*

gafas. glasses. *glásis*
galleta. biscuit. *bískit*
gallina. hen. *jen*
garaje. garage. *gárich*
garganta. throat. *zróut*
gasolina. petrol. *pétrol*
gasolinera. filling station.
   fíling-stéishen
gato. cat. *cat*
gente. people. *pípel*
ginebra. gin. *yin*
gracias. thanks. *zanks*
grado. degree. *digríi*
gran(de). big, great, large.
   big, gréit, láarch
gratis. free. *fríi*
grifo. tap. *tap*
gripe. influenza. *influénsa*
gris. grey. *gréy*

guante. glove. *glav*
guía. guide. *gáid*
guisante. pea. *píi*
gustar. to like. *tu láik*

haber. to have. *tu jav*
habitación. room. *rum*
hablar. to speak, to talk.
   tu spíik, tu tok
hacer. to do, to make. *tu du, tu méik*
hacia. towards. *touárds*
hambre. hunger. *jánga*
harina. flour. *fláua*
hasta. until. *ontíl*
hecho. fact, done, made.
   fact, dan, méid
helado. ice-cream. *áis-críim*
herido. injured, wounded.
   ínyed, wúundid
hermano/a. brother, sister.
   bróda, sísta
herramienta. tool. *túul*
hervido. boiled. *bóild*
hielo. ice. *áis*
hierro. iron. *áion*
hígado. liver. *líva*
hijo/a. son/daughter. *son/ dóota*
hola. hello. *jelou*
hombre. man. *man*
hora. hour. *áua*

hospital. hospital. *jóspital*
hotel. hotel. *joutél*
hoy. today. *tudéy*
huelga. strike. *stráik*
hueso. bone. *bóun*
huevo. egg. *eg*

idioma. language. *lángüich*
iglesia. church. *cherch*
igual. same, equal. *séim, ícual*
impermeable. raincoat. *réincout*
impuesto. tax. *tax*
incluido. included. *inclúdid*
indigestión. indigestion. *indiyéstion*
individual. single. *sínguel*
información. información.
    informéishen
inglés. English. *ínglish*
invitar. to invit. *tu inváit*
intentar. to try. *tu trái*
interés. interest. *íntrest*
interesante. interesting. *íntresting*
intérprete. interpreter. *intérprita*
invierno. winter. *uínta*
ir. to go. *tu góu*
isla. island. *áiland*
izquierdo. left. *left*

jabón. soap. *sóup*
jamón. ham. *jam*

jarabe. syrup. *sírop*
jardín. garden. *gárden*
jefe. chief, boss. *chíif, bos*
jersey. pullover. *pulóva*
joven. young. *yank*
joya. jewel. *yúuel*
joyería. jeweller's. *yúuelas*
juego. play, game. *pléy, guéim*
jueves. Thursday. *zérsdey*
jugar. to play. *tu pléy*
juguete. toy. *tóy*
julio. July. *yuláy*
junio. June. *yun*
juntos. together. *tuguéda*

kilo(gramo). kilogramme. *kílougram*
kilómetro. kilometre. *kíloumiita*

la. the. *de*
labio. lip. *lip*
lado. side. *sáid*
lago. lake. *léik*
lámpara. lamp. *lamp*
lana. wool. *wúul*
lápiz. pencil. *pénsil*
largo. long. *long*
lástima. pity. *píti*
lata. tin, can. *tin, can*
lavar. to wash. *tu uósh*
lavandería. laundry. *lóondri*

le. him, her. *jim, jer*

leche. milk. *milk*

lechuga. lettuce. *létis*

leer. to read. *tu ríid*

lejos. far. *far*

lengua. tongue, language. *tang, lángüich*

lento. slow. *slóu*

letra. letter. *léta*

ley. law. *lóo*

libre. free, vacant. *fríi, véicant*

librería. bookshop. *búkshop*

libro. book. *buk*

licor. liqueur. *likíue*

ligero. light. *laít*

limón. lemon. *lémon*

limpio. clean. *clíin*

línea. line. *láin*

líquido. liquid, fluid. *lícuid, flúuid*

litera. couchette. *cushét*

llamada. call. *col*

llamar. to call, to phone. *tu col, tu fóun*

llave. key. *kíi*

lleno. full. *ful*

llegada. arrival. *aráivel*

llegar. to arrive. *tu aráiv*

llevar. to carry, to wear. *tu cári, tu uéa*

llover. to rain. *tu réin*

lluvia. rain. *réin*

lo. it, him. *it, jim*

lomo. loin. *lóin*

luego. later. *léita*

lugar. place. *pléis*

lujo. luxury. *láksheri*

luna. moon. *múun*

luz. light. *láit*

madera. wood. *wúud*

madre. mother. *máda*

maíz. corn. *corn*

mal. bad, badly. *bad, bádli*

maleta. suitcase. *súutkeis*

malo. bad. *bad*

mandar. to send. *tu send*

manera. way. *uéy*

manga. sleeve. *slíiv*

mano. hand. *jand*

manta. blanket. *blánkit*

mantel. lablecloth. *téibel-cloz*

mantequilla. butter. *báta*

manzana. apple. *ápel*

mañana. tomorrow, morning. *tumórou, móoning*

mapa. map. *map*

máquina. machine. *mashíin*

mar. sea. *síi*

marca. mark. *mark*

mareo. seasickness. *síisiknes*

marido. husband. *jásband*

marisco. seafood. *síifuud*

marrón. brown. *bráun*

martes. Tuesday. *tiúsdey*

marzo. March. *march*

más. more. *móo*

matrícula. number-plate. *námba-pléit*

mayo. May. *méy*

mayor. bigger, older, larger.
  bíga, óulda, láarya

me. me. *mi*

mecánico. mechanic. *mecánic*

medianoche. midnight. *mídnait*

medicina. medicine. *médsin*

médico. doctor. *docter*

medida. measure. *mésha*

medio. half, middle. *jaf, mídel*

mediodía. midday, noon.
  míd-dey, núun

mejor. better, best. *béta, best*

melocotón. peach. *píich*

melón. melon. *mélon*

menor. smaller, younger.
  smóla, yánga

menos. less. *les*

mensaje. message. *mésich*

menudo (a...). often. *ófen*

mercado. market. *márket*

merluza. hake. *jéik*

mermelada. jam. *yam*

mes. month. *manz*

mesa. table. *téibel*

metro. metre, underground.
  míita, ándagraund

mezcla. mixture. *míxcha*

mi. my. *mai*

mí. me. *mi*

miel. honey. *jáni*

mientras. while. *juáil*

miércoles. Wednesday. *uénsdéy*

mil. thousand. *záusend*

milla. mile. *máil*

millón. million. *mílion*

minuto. minute. *mínit*

mío. mine. *máin*

mirar. to look. *tu luk*

mismo. same. *séim*

mitad. half. *jaf*

mixto. mixed. *mikst*

moda. fashion. *fáshien*

modo. way. *uéy*

molestar. to disturb. *tu distérb*

momento. moment. *móument*

moneda. coin. *cóin*

montaña. mountain. *máuntin*

monumento. monument. *móniument*

moreno. dark-haired. *dark-jéad*

morir. to die. *tu dái*

mostaza. mustard. *mástard*

mostrador. counter. *cáunta*

motivo. reason. *ríisen*

moto. motorcycle. *móutor-sáikel*

muchacho/a. boy, girl. *bóy, guerl*
mucho. much. *mach*
mueble. furniture. *férnicha*
muelle. quay. *kíi*
muerto. dead. *déed*
mujer. woman, wife. *uóman, uáif*
multa. fine. *fáin*
mundo. world. *uóold*
museo. museum. *miusíem*
música. music. *miúsic*
muy. very. *véri*

nacer. to be born. *tu bíi born*
nacimiento. birth. *berz*
nada. nothing. *názing*
nadar. to swim. *tu suím*
nadie. nobody. *nóubodi*
naranja. orange. *óurinch*
nariz. nose. *nóus*
nata. cream. *críim*
navegar. to sail. *tu séil*
Navidad. Christmas. *crísmas*
necesario. necessary. *nésiseri*
necesitar. to need. *tu níid*
negocio. business. *bísnes*
negro. black. *blak*
neumático. tyre. *táia*
nevar. to snow. *tu snóu*
ni. nor, neither. *nor, náida*
niebla. fog. *fog*

nieve. snow. *snóu*
ningún/a. no, not any. *nóu, not éni*
niño/a. child. *cháild*
no. no, not. *nou, not*
noche. night. *náit*
nombre. name, noun. *néim, náun*
norte. north. *norz*
nos. us. *as*
nosotros. we. *uí*
noticia. news. *niús*
noveno. ninth. *náinz*
noviembre. November. *novémba*
nube. cloud. *cláud*
nuestro. our. *áua*
nueve. nine. *náin*
nuevo. new. *niú*
número. number. *námba*
nunca. never. *néva*

o. or. *or*
objeto. object, purpose. *obyéct, pérpos*
obra. work, play. *uórk, pléy*
ocasión. chance. *chans*
ocho. eight. *éit*
ocio. leisure. *lécha*
octavo. eighth. *éiz*
octubre. October. *octóba*
ocupado. occupied. *ókiupaid*
oeste. west. *uést*

oferta. offer. *ófer*

oficina. office. *ófis*

ofrecer. to offer. *tu ófer*

oído. ear. *ía*

oír. to hear. *tu jía*

ojo. eye. *ái*

ola. wave. *uéiv*

olor. smell. *smel*

olvidar. to forget. *tu forguét*

once. eleven. *iléven*

óptica. optician's. *optíshens*

orden. order. *órda*

oreja. ear. *ía*

orilla. shore. *shóo*

oro. gold. *góuld*

orquesta. orchestra. *órkistra*

os. you. *yu*

oscuro. dark. *dark*

otoño. autumn. *ótom*

otro. another, other. *anóda, óda*

padre. father. *fáda*

padres. parents. *párents*

pagar. to pay. *tu péy*

página. page. *péich*

país. country. *cáuntri*

paisaje. landscape. *lándskeip*

pájaro. bird. *berd*

palabra. word. *uórd*

palacio. palace. *pálas*

palmera. palm. *palm*

pan. bread. *bred*

panadería. baker's. *béikas*

pantalones. trousers. *tráusas*

pañuelo. handkerchief. *jándkechiif*

papel. paper. *péipa*

paquete. parcel, package.
   pársel, pákich

par. pair. *peá*

para. to, in order to, for.
   tu, in órda tu, for

parada. stop. *stop*

paraguas. umbrella. *ambréla*

parar. to stop. *tu stop*

pared. wall. *uól*

pariente. relative. *rélatif*

parque. park. *park*

parte. part. *part*

partido. party, match. *párti, match*

pasado. last, past. *last, past*

pasajero. passenger. *pásenya*

pasaporte. passport. *pásport*

paseo. walk, promenade.
   uók, prominád

pasillo. corridor. *córidor*

paso. step, pass. *step, pas*

pastel. pie, cake. *pái, kéik*

pastilla. tablet. *táblet*

patata. potato. *potéito*

patio. courtyard. *córtyard*

pato. duck. *dak*

pavo. turkey. *térki*

peaje. toll. *tol*

peatón. pedestrian. *pidéstrian*

pecho. chest. *chest*

pedazo. piece, bit. *píis, bit*

pedir. to ask for, to order.
  tu ask for, tu órda

peinado. hair style. *jéa stáil*

peine. comb. *cóum*

película. film. *film*

peligro. danger. *déinya*

peligroso. dangerous. *déinyerous*

pelo. hair. *jéa*

peluquería. hairdresser's. *jeadrésas*

pensar. to think. *tu zink*

pensión. guest-house. *guest-jáus*

peor. worse, worst. *uórs, uórst*

pepino. cucumber. *kiúcamba*

pequeño. little, small. *lítel, smol*

pera. pear. *pía*

perder. to lose. *tu lúus*

perdón. pardon, sorry. *párdon, sóri*

periódico. newspaper. *niúspeipa*

permiso. permission, licence.
  permíshen, láisens

permitir. to allow, to permit.
  tu aláu, tu permít

pero. but. *bat*

perro. dog. *dog*

persona. person. *pérson*

pesado. heavy. *jévi*

pescado. fish. *fish*

peso. weight. *uéit*

pie. foot. *fúut*

piedra. stone. *stóun*

piel. skin, leather. *skin, léda*

pierna. leg. *leg*

pieza. part, piece. *part, píis*

pila. battery. *bátri*

pimienta. pepper. *pépa*

pimiento. (red, green) pepper.
  (red, gríin) pépa

pinchazo. puncture. *pánkcha*

pintura. painting. *péinting*

piña. pineapple. *páinapel*

piscina. swimming pool.
  suíming púul

piso. flat, floor. *flat, flóor*

planchar. to iron. *tu áion*

plano. plan. *plan*

planta. plant, floor. *plant, flóor*

plata. silver. *sílva*

plátano. banana. *banána*

plato. dish. *dish*

playa. beach. *bíich*

plaza. square. *scuéa*

plomo. lead. *led*

pluma. pen. *pen*

pobre. poor. *púa*

poco. little, few. *lítel, fiú*

poder. can, may. *can, méy*

policía. police, policeman. *polís, polísman*

pollo. chicken. *chíken*

poner. to put. *tu put*

poquito. little. *lítel*

por. for, because of. *for, bicós ov*

porque. because. *bicós*

por qué. why. *uáy*

postal. postcard. *póust-card*

postre. dessert. *désert*

precio. price. *práis*

preguntar. to ask. *tu ask*

prensa. press. *pres*

preparar. to prepare. *tu pripér*

presentar. to introduce. *tu introdiús*

primavera. spring. *spríng*

primero. first. *ferst*

primo. cousin. *cásin*

principal. main. *méin*

principio. beginning. *biguíning*

prisa. hurry. *jári*

problema. problem. *próblem*

prohibir. to forbid. *tu fobíd*

pronto. soon. *súun*

propiedad. property. *próperty*

propina. tip. *tip*

propio. own. *óun*

propósito. purpose. *pérpos*

próximo. next, close. *next, clóus*

pueblo. village. *vílich*

puente. bridge. *brich*

puerta. door. *dóor*

puerto. port, harbour. *port, járbor*

pulmón. lung. *lang*

punto. point. *póint*

puro. pure, cigar. *piúa, sigár*

que. that, what. *dat, uót*

qué. what, which. *uót, uích*

quedarse. to stay. *tu stéy*

queja. complaint. *compléint*

quemadura. burn. *bern*

querer. to want, to love. *tu uónt, tu lav*

queso. cheese. *chíis*

quien. who. *júu*

quince. fifteen. *fiftíin*

quincena. fortnight. *fotnáit*

quinientos. five hundred. *fáiv jándrid*

quinto. fifth. *fifz*

quiosco. newsagent's. *niúséiyents*

quizá(s). perhaps. *perjáps*

ramo. bouquet. *buké*

rápido. quick. *cuík*

rato. while. *juáil*

razón. reason, cause. *ríisen, cos*

rebajas. sales. *séils*

receta. prescription, recipe. *prescrípshen, rísipi*

recibir. to receive. *tu risíiv*

reclamar. to claim. *tu cléim*

recoger. tu collect, to pick up. *tu coléct, tu píkap*

recomendar. to advise, to recommend. *tu adváis, tu recoménd*

recordar. to remember. *tu rimémba*

recto. straight. *stréit*

recuerdo. souvenir, memory. *suuvenía, mémori*

redondo. round. *ráund*

refresco. refreshment. *ritréshment*

regalo. present, gift. *présent, guift*

reloj. watch. *uótch*

relleno. stuffed. *staft*

remitente. sender. *sénda*

reparar. to repair. *tu ripér*

repente (de...). suddenly. *sádenli*

repetir. to repeat. *tu ripíit*

repuesto. spare. *spéa*

reservar. to book, to reserve. *tu buk, tu risérv*

resfriado. cold. *cóuld*

respuesta. answer. *ánsa*

restaurante. restaurant. *réstorant*

retraso. delay. *diléy*

revista. magazine. *mágasin*

rico. rich. *rich*

riñón. kidney. *kídni*

río. river. *ríva*

robar. to steal. *tu stíil*

rodilla. knee. *níi*

rojo. red. *red*

ropa. clothes. *clóuds*

rosa. rose, pink. *róus, pink*

roto. broken. *bróuken*

rubio. blond. *blond*

rueda. wheel. *uíil*

ruido. noise. *nóis*

ruta. route. *rúut*

sábado. Saturday. *sáterday*

sábana. sheet. *shíit*

saber. to know. *tu nóu*

sabor. taste, flavour. *téist, fléiva*

sal. salt. *solt*

sala. hall. *jol*

salchicha. sausage. *sósich*

salida. departure, exit. *dipárcha, éksit*

salir. to go out, to leave. *tu góu áut, tu líiv*

salón. living room. *líving-rum*

salsa. sauce. *sóos*

salud. health, cheers. *jelz, chías*

saludo. greeting. *gríiting*

san(ta). saint, holy. *séint. jóli*

sangre. blood. *blad*

se. oneself, him/herself. *uánself, jim/jerself*

seco. dry. *drái*

sed. thirst. *zéest*

seda. silk. *silk*

seguida (en...). at once. *at uáns*

seguir. to follow. *tu fólou*

según. according to. *acórding tu*

segundo. second. *sécond*

seguro. sure, safe. *shúa, séif*

seis. six. *siks*

sello. stamp. *stamp*

semáforo. traffic-lights. *tráfic-láits*

semana. weel. *uík*

sencillo. simple. *símpel*

sentarse. to sit down. *tu sit dáun*

señal. sign, signal. *sáin, sígnal*

señor. mister, sir. *místa, ser*

señora. missis, madam. *mísis, mádam*

septiembre. September. *septémba*

séptimo. seventh. *sévenz*

ser. to be. *tu bíi*

servicio. service. *sérvis*

servicios. toilets. *tóilets*

servilleta. serviette. *serviét*

servir. to serve. *tu serv*

sexto. sixth. *sixz*

si. if, whether. *if, uéda*

sí. yes. *yes*

siempre. always. *ólweis*

sierra. mountain range. *máuntin réinch*

siete. seven. *séven*

siglo. century. *sénchuri*

significado. meaning. *míining*

siguiente. next, following. *next, fólouing*

silencio. silence. *sáilens*

silla. chair. *chéa*

simpático. nice. *náis*

sin. without. *uidáut*

sitio. place, spot. *pléis, spot*

sobre. over, envelope. *óva, énveloup*

sobrino/a. nephew, niece. *néfiu, níis*

socorro. help, aid. *jelp, éid*

sol. sun. *san*

solamente. only. *óunli*

solo. alone, only. *alóun, óunli*

solomillo. sirloin. *sérloin*

soltero. single, unmarried. *sínguel, anmérid*

sombra. shadow. *shádou*

sombrero. hat. *jat*

sonido. sound. *sáund*

sopa. soup. *súup*

su. his, her, its, their. *jis, jer, its, déir*

suave. soft, mild. *soft, máild*

subir. to go up. *tu góu ap*
suceso. event. *ivént*
sucio. dirty. *dérti*
suelo. floor, ground. *flóor, gráund*
suerte. luck. *lak*
sur. south. *sáuz*
suyo. his, hers, theirs. *jis, jers, déirs*

tabaco. tobacco. *tobáco*
tal. such. *sach*
talla. size. *sáis*
taller. repair shop. *ripér-shop*
tamaño. size. *sáis*
también. too, also. *túu, ólsou*
tampoco. not either. *not áida*
tan. so, as. *sóu, as*
tanto. so much/many. *sóu mach/méni*
taquilla. ticket office. *tíket ófis*
tarde. afternoon, evening.
   áftanuun, ívning
tarifa. rate. *réit*
tarjeta. card. *cáard*
tarta. cake, tart. *kéik, tart*
taza. cup. *cap*
te. you, yourself. *yor, yorself*
té. tea. *tíi*
teatro. theatre. *zíata*
techo. ceilling. *síiling*
teléfono. telephone. *télifoun*

televisión. television. *télivishen*
temperatura. temperature. *témpricha*
temprano. early. *éerli*
tenedor. fork. *fóok*
tener. to have. *tu jav*
tercero. third. *zerd*
terminar. to finish. *tu fínish*
ternera. veal. *víil*
terraza. terrace. *téras*
ti. you. *yu*
tiempo. time, weather. *táim, uéda*
tienda. shop, tent. *shop, tent*
tierra. earth, ground. *éerz, gráund*
tijeras. scissors. *sísos*
tinto. red. *red*
tío/a. uncle, aunt. *ónkel, áant*
típico. typical. *tipical*
tirar. to pull. *tu pul*
toalla. towel. *táuel*
tobillo. ankle. *ánkel*
tocar. to touch, to play. *tu tach, tu pléy*
todavía. still, yet. *stil, yet*
todo. all, the whole. *ol, de jóul*
tomar. to take. *tu téik*
tomate. tomato. *toméitou*
toro. bull. *bul*
torre. tower. *táua*
tortilla. omelet. *ómlet*
tos. caugh. *cof*

tostada. toast. *tóust*

trabajar. to work. *tu uórk*

traer. to bring. *tu bring*

traducir. to translate. *tu transléit*

traje. dress, suit. *dres, súut*

tranquilo. quiet. *cuáiet*

tranvía. tram. *tram*

tratar. to try. *tu trái*

travesía. crossing. *crósing*

trece. thirteen. *zertíin*

treinta. thirty. *zérti*

tren. train. *tréin*

tres. three. *zríi*

trozo. piece, part. *píis, part*

trueno. thunder. *zánda*

tu. your. *yor*

tú. you. *yu*

turismo. tourism. *túurism*

turista. tourist. *túurist*

tuyo. yours. *yors*

último. last, final. *last, fáinal*

un/a. a, an. *a, an*

único. only (one). *óunli (uán)*

uno. one. *uán*

urgente. urgent. *éryent*

usar. to use. *tu iús*

usted. you. *yu*

útil. useful. *iúsful*

uva. grape. *gréip*

vaca. cow. *cáu*

vacaciones. holidays. *jólideis*

vacío. empty. *émpti*

vagón. coach. *cóuch*

vale. O.K. All right. *Ou-kéy. Ol-ráit*

valer. to cost. *tu cost*

valor. value. *váliuu*

valle. valley. *váli*

vaqueros. jeans. *yíins*

varios. several. *sévral*

vaso. glass. *glas*

vecino. neighbour. *néiba*

veinte. twenty. *tuénti*

velocidad. speed. *spíid*

vender. to sell. *tu sel*

venir. to come. *tu cam*

venta. sale. *séil*

ventana. window. *uíndou*

ventanilla. ticket/car window. *tíket/car uíndou*

ver. to see. *tu síi*

verano. summer. *sáma*

verdad. truth. *truz*

verde. green. *gríin*

verdura. vegetables. *védyeteibels*

vestido. dress. *dres*

vez. time. *táim*

vía. track. *trak*

viajar. to travel. *tu trável*

viajero. traveller. *trávela*

vida. life. *láif*
viejo. old. *óuld*
viento. wind. *uínd*
viernes. Friday. *fráidey*
vinagre. vinegar. *vínega*
vino. wine. *uáin*
visado. visa. *víisa*
visita. visit. *vísit*
visitar. to visit. *tu vísit*
vista. view, sight. *viúu, sáit*
viudo. widow. *uídou*
vivir. to live. *tu liv*
vivo. alive. *aláiv*
volante. steering wheel. *stíiring-uíil*
volver. to return. *tu ritárn*
vosotros. you. *yu*

voz. voice. *vóis*
vuelo. flight. *fláit*
vuelta. return, turn. *ritárn, tarn*
vuestro. your. *yor*

y. and. *and*
ya. already. *ólredi*
yate. yacht. *yot*
yo. I. *ái*

zanahoria. carrot. *cárot*
zapatería. shoeshop. *shúushop*
zapato. shoe. *shúu*
zoo. zoo. *súu*
zumo. juice. *yúus*

INGLÉS-ESPAÑOL

a(n). *a, an.* un(a)

about. *abáut.* sobre

accept. *aksépt.* aceptar

accident. *áksident.* accidente

account. *acáunt.* cuenta

ache. *éik.* dolor

address. *ádres.* dirección

admit. *admít.* admitir

advertisement. *advertáisment.* anuncio

advice. *adv: áis.* consejo.

advise. *advais.* aconsejar

affair. *áfer.* asunto

after. *áfta.* después

again. *eguéin.* otra vez

against. *eguénst.* contra

age. *éich.* edad

ago. *egóu.* hace

ahead. *ajéd.* adelante

air. *éer.* aire

alcohol. *álcojol.* alcohol

all. *ol.* todo

allow. *eláu.* permitir

almost. *ólmoust.* casi

alone. *alóun.* solo

along. *alóng.* a lo largo de

already. *ólredi.* ya

also. *ólsou.* también

although. *oldóu.* aunque

always. *ólweys.* siempre

ambulance. *ámbiulans.* ambulancia

among. *amáng.* entre

amount. *amáunt.* suma

and. *and.* y

another. *anóda.* otro

answer. *ánsa.* respuesta, contestar

any. *éni.* cualquiera

apartment. *apártment.* apartamento

apple. *ápel.* manzana

appointment. *apóintment.* cita

arm. *arm.* brazo

around. *aráund.* alrededor

arrive. *aráiv.* llegar

arrival. *aráivel.* llegada

as. *as.* como

ask. *ask.* preguntar

at. *at.* a, en

attention. *aténshen.* atención

August. *ógost.* agosto

aunt. *áant.* tía

autumn. *ótom.* otoño

avenue. *áveniu.* avenida

back. *bak.* espalda, atrás

bad. *bad.* malo

banana. *banána.* plátano

bank. *bank.* banco

bar. *bar.* bar

bath. *báaz.* baño

bathroom. *bázrum.* cuarto de baño

battery. *bátri.* pila, batería

be. *bíi.* ser, estar

beach. *bíich.* playa

beautiful. *biútiful.* bonito

because. *bicós.* porque

bed. *bed.* cama

bedroom. *bédrum.* dormitorio

beer. *bía.* cerveza

before. *bifór.* antes

begin. *biguín.* empezar

behind. *bijáind.* detrás

believe. *bilív.* creer

belt. *belt.* cinturón

beside. *bisáid.* junto a

best, better. *best, béta.* mejor

between. *bituín.* entre

bicycle. *báisikel.* bicicleta

big. *big.* grande

bill. *bil.* cuenta

bird. *berd.* pájaro

biscuit. *bískit.* galleta

bitter. *bíta.* amargo

black. *blak.* negro

blanket. *blánkit.* manta

blond. *blond.* rubio

blood. *blad.* sangre

blue. *blu.* azul

body. *bódi.* cuerpo

bone. *bóun.* hueso

book. *buk.* libro

boot. *búut.* bota

both. *bóuz.* ambos

bother. *bóda.* molestar

bottle. *bótel.* botella

box. *box.* caja

boy. *bói.* chico

brake. *bréik.* freno

bread. *bred.* pan

breakdown. *bréikdáun.* avería

breakfast. *brékfast.* desayuno

bridge. *brich.* puente

bring. *bring.* traer

brochure. *bróusha.* folleto

broken. *bróuken.* roto

brother. *bróda.* hermano

brown. *bráun.* marrón

brush. *brash.* cepillo

building. *bílding.* edificio

bull. *bul.* toro

business. *bísnes.* negocio

but. *bat.* pero

butcher's. *bátchas.* carnicería

butter. *báta.* mantequilla

buy. *báy.* comprar

by. *báy.* por, de

cabin. *cábin.* camarote

cake. *kéik.* pastel, tarta

call. *col.* llamada, llamar

camera. *cámra.* cámara

can. *can.* poder, lata

car. *car.* coche

card. *cáard.* tarjeta

carrot. *cárot.* zanahoria

carry. *cári.* llevar

cash. *cash.* cobrar, caja

castle. *cásel.* castillo

cat. *cat.* gato

cathedral. *cazídral.* catedral

caution. *cóshien.* cuidado

centre. *sénta.* centro

century. *sénchuri.* siglo

chair. *chéa.* silla

change. *chéinch.* cambio

cheap. *chíip.* barato

cheese. *chíis.* queso

chemist's. *kémists.* farmacia

cheque. *chek.* cheque

cherry. *chéri.* cereza

child. *cháild.* niño

chocolate. *chóclit.* chocolate

chop. *chop.* chuleta

church. *cherch.* iglesia

cigar. *sigár.* puro

cigarette. *sígaret.* cigarrillo

cinema. *sínema.* cine

city. *síti.* ciudad

class. *clas.* clase

clean. *clíin.* limpio

clear. *clía.* claro

climate. *cláimit.* clima

close. *clóus.* cerrar, cerca

closed. *clóust.* cerrado

clothes. *clóuds.* ropa

cloud. *cláud.* nube

coach. *cóuch.* autocar

coast. *cóust.* costa

coat. *cóut.* abrigo

coin. *cóin.* moneda

cold. *cóuld.* frío, resfriado

colour. *cála.* color

comb. *cóum.* peine

come. *cam.* venir

concert. *cónsert.* concierto

constipation. *constipéishen.* estreñimiento

cook. *kuk.* cocinar

cool. *cúul.* fresco

corn. *corn.* maíz

corner. *córna.* esquina

cost. *cost.* costar

cotton. *cóton.* algodón

cough. *cof.* tos

counter. *cáunta.* mostrador

country. *cáuntri.* país

court. *córt.* patio, pista

cousin. *cásin.* primo

cow. *cáu.* vaca

cream. *críim.* nata

cross. *cros.* cruzar

cup. *cap.* taza

custom. *cástom.* costumbre

customs. *cástoms.* aduana

cut. *cat.* cortar, corte

daily. *déili.* diario

damage. *dámich.* daño

danger. *déinya.* peligro

dangerous. *déinyerous.* peligroso

dark. *dáark.* oscuro

date. *déit.* fecha

daughter. *dóta.* hija

day. *déy.* día

dead. *déed.* muerto

December. *disémba.* diciembre

deck. *dek.* cubierta, tapa

delay. *diléy.* retraso

departure. *dipárcha.* salida

dessert. *désert.* postre

dictionary. *díkshionari.* diccionario

die. *dái.* morir

difficult. *díficalt.* difícil

dinner. *dína.* comida

direct. *dairéct.* directo

dirty. *dérti.* sucio

discount. *discáunt.* descuento

dish. *dish.* plato

district. *dístrict.* barrio

disturb. *distérb.* molestar

do. *du.* hacer

doctor. *dócter.* médico

dog. *dog.* perro

door. *dóor.* puerta

double. *dábel.* doble

down. *dáun.* abajo

dress. *dres.* vestido, vestirse

drink. *drink.* bebida, beber

drive. *dráiv.* conducir

dry. *drái.* seco

duck. *dak.* pato

during. *diúring.* durante

each. *íich.* cada

ear. *ía.* oído, oreja

early. *éerli.* temprano

earth. *éerz.* tierra

east. *íist.* este

easy. *íisi.* fácil

eat. *íit.* comer

egg. *eg.* huevo

eight. *éit.* ocho

elbow. *élbou.* codo

elder, eldest. *élda, éldest.* mayor

eleven. *iléven.* once

embassy. *émbasi.* embajada

empty. *émpti.* vacío

end. *end.* fin(al)

engine. *ényin.* motor

enough. *enáf.* bastante

entry (entrance). *éntri (éntrans).* entrada

envelope. *énveloup.* sobre

evening. *ívning.* tarde

every. *évri.* cada

example. *igsámpel.* ejemplo

exchange. *ikschéinch.* cambio

excuse. *exkiús.* perdonar, disculpar

exhibition. *eksibíshen.* exposición

exit. *éksit.* salida

eye. *ái.* ojo

face. *féis.* cara

factory. *fáctori.* fábrica

family. *fámili.* familia

far. *fáar.* lejos

fare. *féa.* tarifa

fashion. *fáshien.* moda

fast. *fast.* rápido

father. *fáda.* padre

February. *fébruari.* febrero

ferry. *féri.* transbordador

few. *fiú.* pocos

field. *fíild.* campo

filling station. *fíling-stéishen.* gasolinera

film. *film.* película

filter. *fílta.* filtro

find. *fáind.* encontrar

fine. *fáin.* bonito, multa

finger. *fínga.* dedo

finish. *fínish.* acabar, terminar

fire. *fáia.* fuego

first. *ferst.* primero

fish. *fish.* pescado

five. *fáiv.* cinco

flavour. *fléiva.* sabor

flight. *fláit.* vuelo

floor. *flóor.* piso, planta

flower. *fláua.* flor

follow. *fólou.* seguir

food. *fúud.* comida

foot. *fúut.* pie

for. *for.* para
forbidden. *fobíden.* prohibido
foreign(er). *fóren(a).* extranjero
fork. *fóork.* tenedor
forget. *forguét.* olvidar
fountain. *fáuntin.* fuente
free. *fríi.* libre, gratis
Friday. *fráidey.* viernes
fried. *fráid.* frito
friend. *frend.* amigo
from. *from.* de, desde
fruit. *frúut.* fruta
full. *ful.* lleno
furniture. *férnicha.* mueble

gallon. *gálon.* galón (4,54 litros)
game. *guéim.* juego
garage. *gárich.* garaje
garden. *gárden.* jardín
garlic. *gárlic.* ajo
gate. *guéit.* puerta
gentleman. *yéntelman.* caballero
gift. *guift.* regalo
girl. *guerl.* chica
give. *guiv.* dar
glad. *glad.* contento
glass. *glas.* vaso
glasses. *glásis.* gafas
glove. *glav.* guante

go. *góu.* ir
go out. *góu áut.* salir
gold. *góuld.* oro
good. *gud.* bueno
good bye. *gud bay.* adiós
grape. *gréip.* uva
great. *gréit.* grande
green. *gríin.* verde
greeting. *gríiting.* saludo
grey. *gréy.* gris
group. *grúup.* grupo
guide. *gáid.* guía

habit. *jábit.* costumbre
hair. *jéa.* pelo
half. *jaf.* medio
ham. *jam.* jamón
hand. *jand.* mano
handbag. *jándbag.* bolso
happen. *jápen.* pasar, ocurrir
happy. *jápi.* feliz
harbour. *járbor.* puerto
hat. *jat.* sombrero
have. *jav.* tener, haber
have lunch. *jav lanch.* almorzar
he. *jíi.* él
head. *jed.* cabeza
health. *jelz.* salud
hear. *jía.* oír

heart. *jáart.* corazón

heavy. *jévi.* pesado

help. *jelp.* ayuda, ayudar

her. *jer.* su, la, le

high. *jái.* alto

him. *jim.* lo, le

hire. *jáia.* alquilar

his. *jis.* su

holidays. *jólideys.* vacaciones

holy. *jóli.* santo

home. *jóum.* casa, hogar

honey. *jáni.* miel

hope. *jóup.* esperar

horse. *jors.* caballo

hospital. *jóspital.* hospital

hot. *jot.* caliente

hotel. *joutél.* hotel

hour. *áua.* hora

house. *jáus.* casa

how. *jáu.* cómo

hunger. *jánga.* hambre

hurry. *jári.* prisa

hurt. *jert.* herida, daño

husband. *jásband.* marido

ice. *áis.* hielo

ice cream. *áis críim.* helado

if. *if.* si

ill. *il.* enfermo

in. *in.* en, dentro de

inch. *inch.* pulgada

included. *inclúdid.* incluido

indigestion. *indiyéstion.* indigestión

influenza. *influénsa.* gripe

injured. *ínyed.* herido

interest. *íntrest.* interés

interesting. *íntresting.* interesante

interpreter. *intérprita.* intérprete

into. *íntu.* en

introduce. *introdiús.* presentar

invite. *inváit.* invitar

iron. *áion.* hierro, planchar

island. *áiland.* isla

it. *it.* lo

jacket. *yáket.* chaqueta

jam. *yam.* mermelada

January. *yánuari.* enero

jeans. *yííns.* vaqueros

jewel. *yúuel.* joya

jeweller's. *yúuelas.* joyería

journey. *yérni.* viaje

juice. *yúus.* zumo

July. *yulái.* julio

June. *yun.* junio

key. *kíi.* llave

kidney. *kídni.* riñón

kind. *káind.* amable, tipo
kitchen. *kíchen.* cocina
knee. *níi.* rodilla
knife. *náif.* cuchillo
know. *nóu.* saber, conocer

lady. *léidi.* señora
lake. *léik.* lago
lamp. *lamp.* lámpara
land. *land.* tierra, aterrizar
language. *lángüich.* lengua, idioma
large. *larch.* grande
last. *last.* último, durar
last night. *last night.* anoche
late. *léit.* tarde
later. *léita.* luego
laundry. *lóondri.* lavandería
learn. *léern.* aprender
leather. *léda.* piel
leave. *líiv.* salir, irse
left. *left.* izquierdo
leg. *leg.* pierna
leisure. *lécha.* tiempo libre
lemon. *lémon.* limón
less. *les.* menos
letter. *léta.* carta, letra
lettuce. *létis.* lechuga
library. *láibreri.* biblioteca
life. *láif.* vida

lift. *lift.* ascensor
light. *láit.* luz
lighter. *láita.* encendedor
like. *láik.* gustar, como
line. *láin.* línea
lip. *lip.* labio
listen. *lísen.* escuchar
little. *lítel.* pequeño, poco
live. *liv.* vivir
liver. *líva.* hígado
lodging. *lódying.* alojamiento
long. *long.* largo
look. *luk.* mirar
look for. *luk for.* buscar
lorry. *lóri.* camión
lost. *lost.* perdido
loud. *láud.* alto
low. *lóu.* bajo
luck. *lak.* suerte
luggage. *láguich.* equipaje
lunch. *lanch.* almuerzo
lung. *lang.* pulmón
luxury. *láksheri.* lujo

machine. *mashíin.* máquina
madam. *mádam.* señora
made. *méid.* hecho
magazine. *mágasin.* revista
mail. *méil.* correo

main. *méin.* principal

make. *méik.* hacer

man. *man.* hombre

many. *méni.* muchos

map. *map.* mapa

March. *march.* marzo

market. *márkit.* mercado

marmalade. *mármeleid.* mermelada de naranja

married. *mérid.* casado

match. *match.* cerilla, partido

mattress. *mátres.* colchón

May. *méy.* mayo

me. *mi.* mí

meal. *míil.* comida

meaning. *míining.* significado

measure. *mésha.* medida

meat. *míit.* carne

mechanic. *mecánic.* mecánico

medicine. *médsin.* medicina

melon. *mélon.* melón

message. *mésich.* mensaje

mild. *máild.* suave

mile. *máil.* milla (1,6 Km.)

milk. *milk.* leche

million. *mílion.* millón

mirror. *míror.* espejo

miss. *mis.* señorita

mistake. *mistéik.* error

mister. *místa.* señor

missis. *mísis.* señora

mixed. *mikst.* mixto

moment. *móument.* momento

Monday. *mándey.* lunes

money. *máni.* dinero

month. *manz.* mes

monument. *móniument.* monumento

moon. *múun.* luna

more. *móo.* más

morning. *móoning.* mañana

mother. *máda.* madre

motorway. *móutor-uéy.* autopista

mountain. *máuntin.* montaña

mouth. *máuz.* boca

much. *mach.* mucho

museum. *miusíem.* museo

music. *miúsic.* música

must. *mast.* deber

mustard. *mástard.* mostaza

my. *mai.* mi, mis

name. *néim.* nombre

narrow. *nérou.* estrecho

near. *nía.* cerca

necessary. *nésiseri.* necesario

neck. *nek.* cuello

need. *níid.* necesitar

neighbour. *néiba.* vecino

neither. *náida.* ni

nephew. *néfiu.* sobrino

never. *néva.* nunca

new. *niú.* nuevo

news. *niús.* noticia

newsagent's. *niús-eíyents.* quiosco

newspaper. *niúspeipa.* periódico

next. *next.* siguiente, próximo

nice. *náis.* agradable

niece. *níis.* sobrina

night. *náit.* noche

nine. *náin.* nueve

no. *nou.* no, ningún

nobody. *noubódi.* nadie

noise. *nóis.* ruido

none. *nan.* ninguno

noon. *núun.* mediodía

nor. *nor.* ni

north. *norz.* norte

nose. *nóus.* nariz

not. *not.* no

nothing. *názing.* nada

notice. *nóutis.* aviso

noun. *náun.* nombre

November. *novémba.* noviembre

now. *náu.* ahora

number. *námba.* número

nurse. *ners.* enfermera

o'clock. *oclók.* en punto

October. *octóba.* octubre

of. *ov.* de

offer. *ófer.* oferta, ofrecer

office. *ófis.* oficina

often. *ófen.* a menudo

oil. *óil.* aceite

old. *óuld.* viejo

olive. *óliv.* aceituna

on. *on.* en, sobre

once. *uáns.* una vez

one. *uán.* uno

onion. *ónion.* cebolla

only. *óunli.* solamente

open. *óupen.* abrir, abierto

opposite. *óposit.* enfrente

optician's. *optíshens.* óptica

or. *or.* o

orange. *órinch.* naranja

orchestra. *órkistra.* orquesta

order. *órda.* orden, pedir

other. *óda.* otro

ounce. *áuns.* onza (28 gr.)

our. *áua.* nuestro

out. *áut.* fuera

out of order. *áut ov órda.* averiado

over. *óva.* encima

owe. *óu.* deber

owner. *óuna.* dueño

package. *pákich.* paquete

pain. *péin.* dolor

painting. *péinting.* pintura

pair. *péa.* par

palace. *pálas.* palacio

paper. *péipa.* papel

parcel. *pársel.* paquete

pardon. *párdon.* perdón

parents. *párents.* padres

park. *páark.* aparcar, parque

parking. *párking.* aparcamiento

part. *part.* parte

party. *párti.* partido, fiesta

passenger. *pásenya.* pasajero

passport. *pásport.* pasaporte

pavement. *péivment.* acera

pay. *péy.* pagar

peach. *píich.* melocotón

pear. *pía.* pera

pedestrian. *pidéstrian.* peatón

pen. *pen.* pluma

pencil. *pénsil.* lápiz

people. *pípel.* gente

pepper. *pépa.* pimienta

perhaps. *perjáps.* tal vez

permission. *permíshien.* permiso

petrol. *pétrol.* gasolina

photograph. *fótougraf.* foto

pick up. *píkap.* recoger

picture. *pikcha.* cuadro

pie. *pái.* pastel, tarta

piece. *píis.* pieza, trozo

pillow. *pílou.* almohada

pineapple. *páinapel.* piña

pink. *pink.* rosa

pint. *páint.* pinta (450 gr.)

pity. *píti.* lástima

place. *pléis.* sitio, lugar

plan. *plan.* plano

plane. *pléin.* avión

plant. *plant.* planta

platform. *plátform.* andén

play. *pléy.* jugar, tocar

please. *plíis.* por favor

plum. *plam.* ciruela

pocket. *pókit.* bolsillo

point. *póint.* punto

police. *polís.* policía

police station. *polís stéishen.* comisaría

poor. *púa.* pobre

pork. *pork.* cerdo

port. *port.* puerto

post office. *póus-ófis.* Correos

potato. *potéito.* patata

prefer. *prifér.* preferir

prepare. *pripér.* preparar

prescription. *prescrípshen.* receta

present. *présent.* regalo, presente
pretty. *príti.* guapo, bonito
price. *práis.* precio
problem. *próblem.* problema
promenade. *prominád.* paseo
pull. *pul.* tirar
pullover. *pulóva.* jersey
puncture. *pánkcha.* pinchazo
push. *push.* empujar
put. *put.* poner
put in. *put in.* meter

quarter. *cuóta.* cuarto
quay. *kíi.* muelle
question. *cuéstshen.* pregunta
queue. *kiúu.* cola
quick. *cuík.* rápido
quiet. *cuáiet.* tranquilo

rain. *réin.* llover, lluvia
raw. *róo.* crudo
reach. *ríich.* llegar
read. *ríid.* leer
ready. *rédi.* listo
reason. *ríisen.* causa, razón
receive. *risíiv.* recibir
recommend. *recoménd.* recomendar
record. *récord.* disco
red. *red.* rojo

regards. *rigáards.* saludos
relatives. *rélativs.* parientes
remember. *rimémba.* recordar
rent. *rent.* alquilar
repair. *ripér.* reparar
repeat. *ripíit.* repetir
reply. *ripláy.* respuesta
restaurant. *réstorant.* restaurante
return. *ritárn.* volver, vuelta
rice. *ráis.* arroz
right. *ráit.* derecho, correcto
river. *ríva.* río
road. *róud.* carretera
roast. *róust.* asado
room. *rum.* habitación
round. *ráund.* redondo
row. *ráu.* fila

safe. *séif.* seguro
sail. *séil.* navegar
salad. *sálad.* ensalada
sale. *séil.* venta
sales. *séils.* rebajas
salt. *solt.* sal
same. *séim.* mismo
sand. *sand.* arena
Saturday. *sáterdey.* sábado
sauce. *sóos.* salsa
sausage. *sósich.* salchicha

say. *séy.* decir

school. *scúl.* escuela

scissors. *sísos.* tijeras

sea. *síi.* mar

season. *síisen.* estación

seat. *síit.* asiento

second. *sécond.* segundo

see. *síi.* ver

sell. *sel.* vender

send. *send.* mandar, enviar

September. *septémba.* septiembre

serve. *serv.* servir

seven. *séven.* siete

several. *sévral.* varios

she. *shíi.* ella

sheet. *shíit.* sábana

ship. *ship.* barco

shirt. *shert.* camisa

shoe. *shúu.* zapato

shop. *shop.* tienda

short. *short.* corto

shower. *sháua.* ducha

sick. *sik.* enfermo

side. *sáid.* lado

sign. *sáin.* signo, firmar

silence. *sáilens.* silencio

silk. *silk.* seda

silver. *sílva.* plata

since. *sins.* desde

single. *sínguel.* individual, soltero

sir. *ser.* señor

sister. *sísta.* hermana

sit down. *sit dáun.* sentarse

six. *six.* seis

size. *sáis.* tamaño, talla

skin. *skin.* piel

sleep. *slíip.* dormir

slow. *slóu.* lento

small. *smol.* pequeño

smoke. *smóuk.* fumar

snow. *snóu.* nevar, nieve

so. *sou.* así

soap. *sóup.* jabón

soft. *soft.* suave

some. *sam.* algunos

son. *san.* hijo

soon. *súun.* pronto

sorry. *sóri.* perdón, lo siento

sort. *sort.* tipo, clase

soup. *súup.* sopa

south. *sáuz.* sur

souvenir. *suuvenía.* recuerdo

Spanish. *spánish.* español

speak. *spíik.* hablar

speed. *spíid.* velocidad

spoon. *spúun.* cuchara

sport. *sport.* deporte

spring. *spring.* primavera

square. *scuéa.* plaza, cuadrado

stairs. *stéas.* escaleras

stamp. *stamp.* sello

start. *start.* empezar

station. *stéishen.* estación

steak. *stéik.* filete

steal. *stíil.* robar

stewardess. *stíuardes.* azafata

stomach. *stómac.* estómago

stop. *stop.* parar, parada

strawberry. *stróberi.* fresa

street. *stríit.* calle

strike. *stráik.* huelga

strong. *strong.* fuerte

suburb. *sáberb.* barrio

such. *sach.* tal

sugar. *shúga*

suit. *súut.* traje

suitcase. *súutkeis.* maleta

summer. *sáma.* verano

sun. *san.* sol

Sunday. *sándey.* domingo

sure. *shúa.* seguro

surgery. *séryeri.* consulta

surname. *sérneim.* apellido

sweet. *suíit.* dulce

swim. *suím.* nadar

swimming pool. *suíming-púul.* piscina

table. *téibel.* mesa

tablet. *táblet.* pastilla

take. *téik.* tomar, coger

talk. *tok.* hablar

tall. *tol.* alto

tax. *tax.* impuesto

tea. *tíi.* té

telephone. *télifoun.* teléfono

tell. *tel.* decir, contar

temperature. *témpricha.* temperatura

ten. *ten.* diez

tent. *tent.* tienda de campaña

terrace. *téras.* terraza

than. *dan.* que

thank you. *zénkiu.* gracias

that. *dat.* que

the. *de.* el, la, los, las

theatre. *zíata.* teatro

their. *déir.* su, sus

then. *den.* entonces

there. *déa.* allí

these. *díis.* estos, estas

think. *zink.* pensar

third. *zerd.* tercero

this. *dis.* este, esta

thousand. *záusend.* mil

three. *zríi.* tres

throat. *zróut.* garganta

Thursday. *zérsdey.* jueves

ticket. *tíket.* billete, entrada

tie. *tái.* corbata

time. *táim.* tiempo

tip. *tip.* propina

to. *tu.* a, para

toast. *tóust.* tostada

tobacco. *tobáco.* tabaco

together. *tuguéda.* juntos

toilets. *tóilets.* servicios

toll. *tol.* peaje

tomato. *toméitou.* tomate

tomorrow. *tumórou.* mañana

tonight. *tunáit.* esta noche

too, too much/many. *túu, túu mach/méni.* demasiado/a/os/as

tool. *túul.* herramienta

tooth. *túuz.* diente

towel. *táuel.* toalla

tower. *táua.* torre

town. *táun.* ciudad

toy. *toy.* juguete

traffic-lights. *tráfic-láits.* semáforo

train. *tréin.* tren

tram. *tram.* tranvía

translate. *transléit.* traducir

travel. *trável.* viajar, viaje

tree. *trii.* árbol

trip. *trip.* viaje

trousers. *tróusas.* pantalones

truth. *trúuz.* verdad

try. *trái.* tratar

Tuesday. *tiúsdey.* martes

twelve. *tuélv.* doce

twenty. *tuénti.* veinte

twice. *tuáis.* dos veces

two. *túu.* dos

tyre. *táia.* neumático

ugly. *ágli.* feo

umbrella. *ambréla.* paraguas

uncle. *ónkel.* tío

underground. *ándagraund.* metro

understand. *anderstánd.* comprender

until. *ontíl.* hasta

up. *ap.* arriba

urgent. *éryent.* urgente

use. *iús.* usar

vacant. *véicant.* libre

value. *váliuu.* valor

van. *van.* furgoneta

vegetables. *védyetéibels.* verdura

very. *véri.* muy

view. *viúu.* vista

village. *vílich.* pueblo

vinegar. *vínega.* vinagre

visa. *víisa.* visado

visit. *vísit.* visita, visitar

voice. *vóis.* voz

wait. *uéit.* esperar

walk. *uók.* andar

wall. *uól.* pared

wallet. *uólit.* cartera

warm. *uórm.* cálido

wash. *uósh.* lavar

watch. *uótch.* reloj

water. *uóta.* agua

way. *uéy.* camino, manera

we. *uí.* nosotros

wear. *uéa.* llevar

weather. *uéda.* tiempo

Wednesday. *uénsdey.* miércoles

week. *uíik.* semana

weight. *uéit.* peso

welcome. *uélcam.* bienvenido

well. *uél.* bien

what. *uót.* qué, lo que

wheel. *uíil.* rueda

when. *uén.* cuándo

where. *uéa.* dónde

which. *uích.* cuál

white. *uáit.* blanco

who. *júu.* quién

whole. *jóul.* todo

why. *uáy.* por qué

wide. *uáid.* ancho

wife. *uáif.* esposa

wind. *uínd.* viento

window. *uíndou.* ventana

wine. *uáin.* vino

winter. *uínta.* invierno

wish. *uísh.* desear

with. *uíd.* con

without. *uidáut.* sin

woman. *uóman.* mujer

wool. *wúul.* lana

word. *uórd.* palabra

work. *uórk.* trabajar

world. *uóold.* mundo

worse. *uórs.* peor

write. *ráit.* escribir

yacht. *yot.* yate

yard. *yáad.* yarda (91 cm.)

year. *yía.* año

yellow. *yélou.* amarillo

yes. *yes.* sí

yesterday. *yéstedey.* ayer

you. *yu.* tú, vosotros, Vd., Vds.

young. *yank.* joven

your. *yor.* tu, vuestro, su

zero. *sírou.* cero

zoo. *súu.* zoo

© Purificación Blanco Hernández
© Editorial Arguval
I.S.B.N.: 84-95948-89-3
Depósito Legal: MA-1354-2004

Portada: Luis Ojeda
Diseño y maquetación: Stella Ramos

Impreso en España - Printed in Spain
Imprime Top Printer Plus, S.L.L.